Cartas A Mi Hija Irune

El camino del pueblo venezolano hacia Chávez

Pedro Mª Prieto Santiago

© Bubok Publishing S.L., 2011
1ª Edición
ISBN: 978-84-9009-236-1
DL: M-37627-2011
Impreso en España / *Printed in Spain*
Impreso por Bubok

*Una Iglesia pobre, para los pobres
y con los pobres haría el milagro de
una revolución pacífica en Venezuela*

Índice

Prólogo ………………………………………………	9
Primera carta: Tu adopción. …………………………	11
Segunda carta: Mi primer viaje. ……………………	21
Tercera carta: Cura de los pobres. …………………	29
Cuarta carta: Tres arzobispos en contra. ……………	45
Quinta carta: Un barrio pobre ………………………	61
Sexta carta: El campesino venezolano ………………	83
Séptima carta: Los trabajadores de Sidor y Alcasa …………	95
Octava carta: El cura pepe en política ……………	107
Novena carta: Un barrio organizado ………………	137
Décima carta: La partida ……………………………	179
Epílogo ………………………………………………	201

PRÓLOGO

Estas líneas están dedicadas a mi hija IRUNE ODALIS quien el año 2.010 cumplirá treinta añitos. Tal vez, en este momento de tu existencia, yo con mis setenta y cinco años, no pueda narrarte tu historia y la de tus padres, o quizás, no recuerde todos los detalles que sean de interés, o a lo mejor, tú no tengas paciencia ni tiempo para escucharlos.

Por eso voy a comenzar contándote tu adopción. Me parece que así centro esta historia en lo más importante.

Dejo en el tubo del bolígrafo muchos aspectos secundarios, para no cansarte.

Tu país de origen es Venezuela.

Venezuela es un país Latinoamericano, situado al norte de Sudamérica: limitado al oeste por Colombia; al sur por Colombia y Brasil; al este por Guyana y por el Océano Atlántico; al norte por el hermoso mar Caribe. El caudaloso río Orinoco surca el territorio nacional de suroeste a este dibujando un marcado delta antes de desembocar en el Océano Atlántico. Venezuela está inundada de bellezas naturales, repleta de riquezas en el subsuelo y poblada por gentes sencillas, amables y generosas, pero obnubiladas un largo tiempo por las promesas electorales de los caciques de turno.

Ésta es tu patria chica, Irune. Allí aprendí muchísimo en veintiún años de mi vida. Y me regaló un ser querido y fabuloso que eres tú.

En el cruce de dos grandes ríos, el Orinoco y el Caroní, majestuosos y terribles, naciste en Ciudad Guayana, en donde tu padre residió quince años. Los últimos seis, bien acompañado por una extraordinaria gran mujer, Mari Carmen, tu madre.

Cuando estaba en una casa de retiro madurando la trascendental decisión de abandonar la Compañía de Jesús, Felipe González enamoró a Carlos Andrés Pérez y recibió el espaldarazo político de la Internacional Socialista y el apoyo económico del partido gobernante Acción Democrática (A.D.)

PRIMERA CARTA: TU ADOPCIÓN.

Querida Irune:

Te voy a contar cómo llegaste a nosotros o cómo naciste en nuestra vida. Y porqué tu madre te puso este nombre.

El 21 de Julio de 1.981, a las 10:35 de la mañana estaba dando clase de griego en el último curso de Bachillerato del Liceo Óscar Luis Perfetti de Ciudad Guayana. Disponía lo concerniente a un examen de raíces griegas; entra a clase D. José Cañizares Ortiz, director del centro, con un sobre en la mano. El membrete decía: "República de Venezuela. Juzgado de Menores. Puerto Ordaz." y a mano decía: "Profesor José Cañizares. Urgente. Leer y entregar a Pepe."

El director, en plan de broma, me dice:

—Pepe, lee esta carta. Es tu despedida del Instituto.

—Anda ya…que tengo un examen…

—Que cojas tus cosas y te vayas corriendo. Lee y vete.

—Mira, que aplacé ayer este examen para hoy y no me gustaría repetirles la faena.

Como D. José insistía y los chavales estaban empezando a ponerse nerviosos, leí la carta: "Pepe, vente de urgencia que hay una menor de siete meses. Te vienes al Tribunal. Firmado:

Estílita", que era la esposa del Director del Liceo y Juez de Menores del Distrito Caroní.

A pesar de todo pude tranquilizar al Director, hacer el examen y pensar mientras lo realizaban: "Hago el examen y me voy al Tribunal sin pasar por casa".

Fueron quince minutos tensos. Leía y releía la hoja de papel. ¡Una niña de siete meses! Hacía cuatro años que había firmado la solicitud de reducción al estado laical y hacía tres que me había casado con Mari Carmen, siendo infructuosos todos los intentos médicos por tener un hijo. Ya hacía meses habíamos acordado adoptar un niño venezolano de entre tantos que necesitan unos padres con ganas de cuidarlo y amarlo. Así se lo habíamos manifestado a Estílita.

Por fin entregaron el examen. Y bajando las escaleras de dos en dos, pensaba: ¿Cómo puedo ir directamente a buscarle sin que esté de acuerdo Mari Carmen? Tengo que recogerle. Más pérdida de tiempo... Pero es inevitable. ¡Debo pasar por casa!

Puse en marcha el coche y precipitadamente lo enrumbé hacia el barrio Los Monos, donde vivía desde el año 1.969. Toqué la corneta nerviosamente para llamar la atención de Mari quien salió a la puerta extrañada. Sin parar el motor le deje leer la carta.

—Anda, ponte algo encima que he perdido mucho tiempo ya.

Di la vuelta al coche y en segundos subió Mari con prisas evidentes, salí de las enmarañadas calles del barrio. Conduje por la Avda. Principal de Castillito, crucé por la Avda. Guayana, el puente sobre el rió Caroní y ya en la autopista apreté el acelerador. Nunca antes, Mari, me había advertido que corría demasiado.

Llegamos al Tribunal. Estílita, en su despacho, se tranquilizó al vernos y nos mandó con urgencia a la sede del Consejo Venezolano del Niño.

—Le voy a llamar por teléfono a la Dra. Cecilia, avisándole que llegáis.

—Muchas gracias, Estílita. Allá vamos.

Todo embarazo normal dura nueve meses. El nuestro, apenas, duró dos horas.

Saludos, presentación, reconocimiento y pasamos a un cuarto con un letrero en la puerta que decía: "Archivo". Abrieron la puerta y allí estaba la niña en el suelo, sobre dos paños amarillos de los de limpiar el polvo. Estaba acostada boca abajo, dormidita.

Mari se agachó, la acogió entre sus brazos, le mire y me miró. Me dio un vuelco el corazón. ¡En qué situación estaba…! Su pelito desigual y ralo, de color castaño oscuro; los ojos marrones en el fondo de los parpados; apenas tenía bracitos y piernitas; miraba con nostalgia a su alrededor; no lloraba pero daban ganas de llorar: había tristeza en su estampa. Ese fue, el momento del dolor de parto para nosotros dos.

—¿Les gusta la niña? dijo Cecilia.

Yo observé, antes de responder, el gesto de cariño con el que Mari apretaba a la niña contra su seno y al unísono respondimos: "Sí".

Salimos del "Archivo" y en voz bajita le interrogué a Cecilia:

—¿Y si se nos muere…?

Levantó las cejas y los hombros y comprendí la respuesta. Seguimos a una oficina con máquina de escribir. Una secretaria seleccionó un papel con membrete del Consejo

Venezolano del Niño y redactó estas líneas: "La suscrita, Jefe Encargado de la Oficina de Servicio Social del Instituto Nacional del Niño, hace constar que la menor...

—¿Qué nombre le van a poner?"

—IRUNE, respondió Mari, como un resorte. Yo asentí, impresionado por su rapidez y seguridad.

—...IRUNE, de aproximadamente siete meses de edad, se encuentra bajo la guarda y custodia de los esposos Pedro María Prieto Santiago y Mari Carmen López de Munain Arrien, entregada por este Organismo, etc.

Sacó el papel de la máquina, lo firmaron y sellaron, lo metió en un sobre y nos lo entregó pidiéndonos que debíamos pasar con la niña por esa oficina cada mes y que si todo iba bien podríamos iniciar el proceso de adopción legal.

Al salir, Cecilia, nos fue descubriendo los pocos antecedentes que sabía de la niña IRUNE.

Hacía unos quince días una mujer joven como de unos veinte años, tocó en la puerta de la casa de una familia de Puerto Ordaz. Llevaba a Irune en brazos y a otra niña mayor de la mano solicitando una limosna para comprar leche para las dos criaturas. La familia accedió bondadosa. Con el dinero ya en la mano les rogó que si podían guardar a la menor en su casa mientras iba a buscar la leche. Era cuestión de unos minutos, insistió.

—Bueno, no tarde, señora.

—Hasta ahora mismo.

Y esos minutos fueron horas, luego días y después semanas. Y la criatura con una diarrea fuerte, con moquitos pertinaces y sin tomar nada más que suero, pues todo lo devolvía. Seguía en esa casa sin que volviera su madre a buscarla.

Por fin, el padre de esa familia decidió llevarla al Consejo Venezolano del Niño. Era el 21 de Julio de 1.981 a las 8:30 de la mañana. En el fondo tenían miedo que se les muriera en casa y les causara problemas con la policía.

Meses después me enteré que la madre había vuelto a la casa a recoger a su niña pasadas varias semanas… Al contarle lo sucedido se dirigió al Consejo Venezolano del Niño y allí al explicarle que por el abandono de su hija había perdido sus derechos de madre, ella desenfadada exclamó:

−¡Que se cojan a esa niña!

Salimos con nuestra "hija" de las oficinas alrededor de la una del mediodía y ya en el coche nos encontramos con los problemas reales.

−¿Qué hacemos?

Don Félix Fernández Plesman, pediatra y amigo nuestro, no abría el consultorio hasta las tres.

−¿Pasamos por una farmacia de guardia?

−¿Y qué le damos de comer?

−¿Tienes pañales?

−¡Qué va!

−Bueno, algo que ponerle… No sé.

Irune, veía a su alrededor. Mari le mesaba los lacios cabellos. Le abrazaba contra su pecho muy apretadita. Emocionaba ver cómo le besaba en las escasas carnes de esa carita morenita y redondita. Paramos en una farmacia. Compramos dos frascos de suero bebible y después bajamos frente a la casa de Benilde, mi amigo que tenía una tienda de alimentos. Estaba cerrada pero al llamar y verme nos abrió.

—Mira, Benilde, nos han dado una niña en custodia y se encuentra muy mal. Recomiéndame algo para darle de comer que le siente bien y le corte la diarrea.

—¿Tiene en casa un muslo de pollo?, es que yo no tengo ahora...

—¡Sí! ¿Y qué más?

—Le echa dos zanahorias, una papa y un topocho todo bien peladito y bien limpio a una olla con agua, le añade un poco de aceite y sal y lo deja hervir todo una media hora. Luego lo hace puré y se lo da a la criatura. ¡Ah! y quítele el pellejo al muslo.

Mientras me iba diciendo los ingredientes los iba escogiendo del escaparate y metiéndolos en una bolsa. Le voy a pagar y me pone la mano en el brazo.

—Déjelo, Pepe. Hágame caso. Déle de comer esto a esa pobre niña que lo que tiene es hambre.

Llegamos a casa. Mientras Mari bañaba en una ponchera con todo cariño a Irune, yo me afanaba en la cocina haciendo caso a mi amigo Benilde.

Tuvo que ponerle la misma pobre ropita a la niña mientras yo enfriaba con prisa el puré. Mari le cortaba los mechones más largos y le peinaba con mimo.

Por fin se sentó frente a la mesa con el plato de comida. Cogió una cucharilla. Recostó en su seno a Irune. No sabía cómo empezar. Daba vueltas nerviosamente al puré. Lo probaba.

—Aún está caliente... ¿Cómo le doy?

—Como quieras, pero apresúrate. Tiene hambre la criatura.

Metió la primera cucharilla en la boca. Irune la paladeó. Yo le miraba fijamente. Le gustó. Segunda cucharadita. Y un primer llanto estalló en su boquita. Comía con avidez. Lloraba cada vez que le sacaba la cucharilla.

—¡Dale con una cuchara más grande! Ten ésta. ¡Corre!

Y la pobrecita lloraba cada vez que deglutía el puré.

—Pero, ¡dale más rápido! ¿No ves que tiene hambre?

Y la nueva madre temerosa de atragantarle, apresuró la velocidad acallando así el llanto.

Primera comida ansiosa. ¡Que presión y tensión!

—¿Le sentará bien?

—Ya veremos. Ahora mientras comemos nosotros le recostaré en nuestra cama para que descanse.

A las tres estábamos en la sala de espera de la Clínica Orgaz donde atendía nuestro amigo el pediatra Félix Fernández Plesman, un médico excelente graduado en Santiago de Compostela y casado con una señora venezolana. Pasamos a su despacho.

—¡Hola Pepe! ¿Qué niña es esta?

—Pensamos en adoptarla, doctor. Nos la han dejado a nuestra custodia hoy a la una.

—¿Qué tiene? ¿Cómo la encuentra? – Y mirándola de arriba abajo, exclamó:

—¡Habría que meter en la cárcel a los padres que dejan en un estado así a su hijo!

—Pesa cinco kilos trescientos gramos. Talla, sesenta y un centímetros y medio. ¡Qué horror! ¿Qué tiempo tiene?

—No sabemos aún. ¿Cuánto le calcula usted?

—Para su estado y constitución podría tener entre cinco y siete meses. (Más adelante nos enteraríamos que tenía siete meses y medio). Es que le sientas y no se sostiene, ¿eh? Vamos a ver la tripita... los oídos... la boquita... los reflejos...

—Mira Pepe, esta niña está completamente desnutrida como se puede ver a simple vista. Tiene una otitis media en el oído izquierdo. Padece una gastroenteritis aguda. Una severa afección gripal. Y este vientre inflado denuncia la presencia de parásitos. Vamos a atacar la desnutrición y la gastroenteritis. Más tarde la otitis y los parásitos...

Nos quedamos de piedra. Se sentó ante su máquina de escribir. Rellenó con prisa casi medio folio. Nos explicó después su contenido paso a paso, hasta que comprendimos bien el tratamiento y la estrategia diseñada y nos despidió con cariño hasta dentro de tres días.

Salimos de la clínica, compramos todo lo recetado y nos dirigimos a la zona comercial a comprarle pañales, vestiditos, etc., y una cestita para llevarle con nosotros cómodamente.

Llegamos ya al atardecer a nuestra casita del barrio Los Monos con Irune.

Los vecinos y amigos se empezaron a enterar. Fue un clarinazo en el barrio: ¡Mari y Pepe tienen una niñita!

Poco después mientras Mari bañaba de nuevo y cambiaba de ropa a la niña, el salón de la casa se iba llenando de gente que quería conocer a "nuestra hija".

—¿La han adoptado?

—¿En dónde la han encontrado?

—¿Qué nombre le van a poner?

—¿Cuándo se la han dado?

—¡Qué bien! ¡Yo la quiero ver!

Por fin entró a la sala la nueva madre toda oronda, con su hija. Ya parecía otra cosa. No se reía. Miraba a todos con serenidad. Un chupete recién estrenado, mordido con avidez, sobresalía por encima de su diminuta nariz. Todos querían tocarla, mimarla, hacerla sonreír. Pero, nada. Ella impávida.

—¡Qué suerte ha tenido esta niña!

—¿Qué nombre le han puesto?

—¿Qué significa Irune?

—¡Qué suerte tiene esta niña!

Irune era un nombre raro en el barrio. Muchos le llamaban Irene. Sus nuevos amiguitos, Iru. A las reuniones que íbamos acudíamos con ella en su canastilla y le colocábamos, con el regocijo de todos, en el centro de la mesa. Parece que le gustaba verse rodeada de todos nosotros.

El médico nos había diseñado un plan dietético completo que nosotros ampliábamos en cuanto a las cantidades. Por eso a los tres días había engordado trescientos gramos con gran sorpresa de su parte. Así, con ese ritmo endiablado fue aumentando de peso y creciendo de tal modo que dos años después pesaba trece kilos setecientos gramos y medía noventa centímetros. El médico nos aseguró que en el futuro, en su desarrollo intelectual, no acusaría en lo más mínimo la anemia padecida.

Tan mal aspecto tenía esos primeros días que decidimos no hacerle ni una fotografía en ese estado.

Después de casi un año de trámites y diligencias legales, el ocho de Junio de 1.982 conseguimos la adopción plena y conjunta, gracias a la valiosa ayuda de Estílita quien fue posteriormente su madrina.

Unos días antes de salir para España le bautizamos. Fue un acontecimiento social relevante en el barrio. Toda la comunidad estuvo presente: representantes y amigos de otras comunidades de vecinos, abogados laboralistas, periodistas, profesores y mucha gente del barrio.

Creo que todos los niños del barrio hicieron una cola recogiendo una bolsita de caramelos y regalitos ese día 3 de Julio entre el bullicio y la algarabía de todos.

Cuando Irune, tenía un año y siete meses llegamos al aeropuerto de Barajas para que le conocieran mi madre y hermanos. Fue tu primer viaje interoceánico.

No había nacido en una cuna de oro pero la de amor no le faltará. Había cambiado de aspecto. Era una niña vivaracha, ocurrente y alegre. Estaba gordita y llena de salud. Llevaba doce meses con nosotros y se había integrado plenamente.

Venezuela nos había regalado una hija y esa eres tú, Irune. Un fruto de nuestra accidentada y comprometida existencia entregada a sus hijos más pobres y marginados de ese gran país.

¿Quieres conocerla?

SEGUNDA CARTA: MI PRIMER VIAJE.

Querida Irune:

Te voy a contar ahora cómo fui a parar a Venezuela y mis primeros pasos en ese largo recorrido hacia ti.

En el colegio de los padres jesuitas de Tudela (Navarra) pasé siete largos años interno en ese centro. Disciplina austera. Autoridad sin explicaciones. Añeja espiritualidad ignaciana. Mucho fútbol y competitividad a tope. Presiones por todos lados. Las primeras amistades en el recuerdo.

Durante los últimos dos cursos vislumbré la idea de ser misionero en la India. Me iluminaba un negro porvenir. Me decidí en unos ejercicios espirituales. Se lo dije a mis padres al terminar el séptimo curso de bachillerato y aprobar con notable la reválida. No les fue difícil asimilar mi elección pues para entonces ya habían seguido el camino religioso tres de mis hermanos mayores. Ingresé en el Noviciado de Loyola el mes de setiembre de 1.953. Sería sacerdote para no quedarme en España; aquí ya había demasiados curas. ¡Misionero en la India!

Pero lo que son las cosas de Dios... Ese año había problemas con las autoridades y no dejaban ingresar más que un cupo limitado.

—¿Quieres ir de misionero a Venezuela?

—Y ¿dónde queda Venezuela?

—En Sudamérica.

—Y...

Miré en un Atlas Universal. Venezuela... aquí está. Me pareció un pequeño país al lado de la India. Relacionándolo con todo Sudamérica semejaba un circulito en el mapa. De todos modos salía de España. Me pareció bien.

—Si aceptas, debes pedir permiso a tus padres. Piénsalo.

La respuesta por carta de papá fue muy seria: "Al saber la noticia de tu próxima partida para Venezuela, me llenó momentáneamente de pesar, pensando en esta obligada separación, aceptando ese sacrificio y ofreciéndote al Señor para que reine en un mundo mejor. Es deseo de Él y te llama a su servicio, pues allí, con decisión y alegría con Él, que es buen compañero. Ya sabes cómo el día que se inició el Movimiento Nacional fui el primero del elemento civil en subir al Castillo de Lérida en defensa de nuestros ideales; y así tu, en otro orden, te llama para propagar y extender su doctrina, pues allá, con ese entusiasmo y esa alegría propia de los años mozos y de quien le ama, y que Él te bendiga, como nosotros, y en particular yo también te felicito y bendigo..."

En esos mismos días mi hermano menor aprendía las primeras letras.

El diecisiete de enero de 1.954, salíamos por vía férrea, los doce novicios destinados a Venezuela con destino a Madrid. Un manto de nieve cubría la meseta castellana. Un avión con cuatro hélices despegó del aeropuerto de Barajas... Escalas en Canarias, Isla de Madeira, Puerto Rico. Por fin, treinta horas después, llegábamos a Maiquetía, aeropuerto de

Caracas, ubicado justo a nivel del mar. Un tortazo de calor me golpeó la cara al pasar la portezuela de salida del avión.

Al cruzar los corredores del aeropuerto lo primero que hice fue buscar un servicio para despojarme de la camiseta de invierno y el jersey negro que me asfixiaba.

El color marrón de la gente no me importó tanto como el calor pegajoso de ese verano tropical de enero. Un sol con ganas espesaba la saliva en la garganta. El bullicio del público, el tonillo característico de su habla, me impresionaron más que el pelo chicharrón o lo oscuro de su piel morena. Esto me pareció normal.

Habíamos llegado por fin, a la tierra incógnita y tan deseada.

La casa del Noviciado en Venezuela estaba situada en la urbanización de Los Chorros, una zona residencial al Noreste de Caracas. Era una finca extensa con largos paseos sembrados de pinos, mangos, lechosas, acacias y naranjos. Ambiente tranquilo, amenizado par el canto de decenas de pajarillos exóticos y saltarines. El clima tropical estaba suavizado por los novecientos metros de altitud y por el acogedor valle de Caracas formado entre la Cordillera de la Costa y las suaves colinas del sur.

En ese ambiente propicio para la reflexión y el silencio, sin salir para nada, transcurrieron los dos años de Noviciado coronados por la profesión de los tres Votos.

Días después, salimos para Colombia a realizar los estudios de Filosofía y Letras en la Pontificia Universidad Javeriana de Bogotá, universidad de indiscutible prestigio dirigida por los jesuitas competidora de la Universidad Nacional.

Durante la carrera casi no conocí la enorme problemática social de ese gran país bolivariano. Vivíamos cómodamente aislados en la mejor universidad colombiana dedicados todo el año a los estudios humanísticos.

Obtenida la Licenciatura, el título de profesor en Física y Matemáticas y realizado el seminario correspondiente sobre "Educación de los caracteres", regresamos otra vez en setiembre del año 1.960 a Caracas.

Venezuela había dejado de ser una dictadura después de una insurrección popular iniciada por los estudiantes de la Universidad Central de Venezuela el 23 de Enero de 1.958. El dictador, general Marcos Pérez Jiménez, salió en avioneta cargando varias maletas repletas de dinero, en dirección a España. D. Rómulo Betancourt instaló una democracia populista terminando con un prometedor movimiento popular de base.

Fui destinado con otros compañeros al Colegio San Ignacio de Caracas. ¡Qué colegio! Once campos de fútbol. Casi dos mil estudiantes de primaria y bachillerato pertenecientes a una clase social privilegiada. ¡Toda nuestra ilusión, juventud y preparación dedicada formar a los hijos de la clase dominante de un país del tercer mundo!

Por las noches me ruborizaba el saber que el 3% de la población en Venezuela acaparaba más del 50% de los recursos del Estado. Y casi todos los jóvenes de nuestras aulas incluyéndonos a nosotros mismos pertenecíamos a esa selecta clase social.

Transcurridos dos años en ese ambiente y después de pasar nueve en América regresé a España para hacer los estudios de teología en la facultad de Teología de Oña, Burgos.

Mi familia en pleno estaba esperándome en el aeropuerto de Barajas para llevarme a casa. Abrazos, lágrimas, risas nerviosas… Noté que hablaban en tono muy alto, con una pronunciación muy fuerte de las R y de las J. Me había identificado tanto con el habla sudamericana, que se reían de mi seseo, de mi léxico y de mi tonillo "suavesito".

Transcurrió ese verano del 62 envuelto en el cariño y las atenciones familiares.

Al inicio del curso me presenté en el vetusto caserón de Oña. Un monasterio del S. XV que encerraba una famosa sillería gótica, los sepulcros de los primeros condes y reyes de Castilla, además de dos claustros mal conservados uno románico y otro gótico precioso. Todo ello enclavado en un sinuoso paraje montañoso.

Llegó el invierno de nueve meses, con nieves permanentes, vientos raspantes que golpeaban los anchos muros, sin calefacción. Llegó a bajar hasta los catorce grados bajo cero. Creía que no aguantaba ese frío, más de una noche, bajo tres mantas, echando de menos el calorcito tropical al que me había acostumbrado, decidí solicitar traslado a otro lugar…

La teología explicada en latín con textos en latín, con libros de consulta en latín y exámenes en latín siguió su ritmo monótono año tras año.

Y llegó el mes de Julio de 1.965. Fui ordenado sacerdote el día 30 en la Basílica de San Ignacio de Loyola (Guipúzcoa).

En los recordatorios imprimí estos pensamientos:

Quien no se lanza mar adentro
nada sabe de la alegría
de quedarse sin amarras
apoyado solo en Dios
más seguro que el mismo océano.

> Señor, mi amigo:
> Tu me has tomado de la mano,
> Yo iré contigo sin miedo
> Hasta el fin del camino. (A. Duval)

Quería tranquilizarme, darme seguridad, quitar el miedo al dar este paso. "Sacerdote para siempre". Pero quedaba claro que me apoyaba solo en Dios, no en la Institución.

Ese verano, varios compañeros de ordenación se fueron a trabajar a diversas fábricas. Estaba en los inicios el movimiento de curas obreros. Yo no lo tenía claro y no fui, aunque un íntimo amigo mío, Ignacio Armada, marchó a una fábrica.

Algún día, y pronto, lo entenderás.

Después del descanso veraniego con la familia celebrando las primeras misas, regresé a Oña a terminar el 4º año de Teología. Tuve tiempo además, para actualizar el estudio iniciado en la Universidad Javeriana sobre la "Educación de los caracteres". El ánimo me lo transmitió Francisco García Salve integrado por aquel entonces como escritor en la Editorial de "El Mensajero" (Bilbao)

Lo que creía iba a ser un trabajito de dos meses de verano, me llevó hasta el mes de Marzo y por fin lo entregué a la Editorial para su impresión con el título:

"La gran conquista: Educar a tus hijos". El 10% de los cinco mil volúmenes editados los emplee íntegramente para adquirir otros libros de la misma editorial.

Al finalizar la carrera de Teología, los jesuitas tenemos un último año de formación denominado "Tercera Probación". Yo solicité realizarlo en Inglaterra con el fin de mejorar mi pobre inglés y para conocer de cerca otro país europeo con tanta influencia en el continente americano.

Recuerdo que antes de salir compré todos los títulos que pude de Teilhard de Chardin que se puso de moda en los años del Concilio Vaticano II. ¡Cuántas horas estuve paseando por los caminos del Convento de los Padres Jesuitas en St. Beuno's, al norte de Gales, releyendo y asimilando el pensamiento de este teólogo y paleontólogo francés!

Algo que marcó mi vida futura fue la idea de que la evangelización y salvación no es una evasión del mundo, sino la continuación de la creación de Dios hasta la conclusión de la resurrección escatológica de toda la Humanidad. Este será el fin de un esfuerzo humano potenciado por la gracia divina, el cual exige la liberación universal de los pobres y oprimidos…

Así terminaba, Irune, mi etapa de formación jesuítica. Desde el 1.953 hasta el 1.967. Catorce años de retiro y preparación.

TERCERA CARTA: CURA DE LOS POBRES.

Querida hija Irune:

Vas a leer ahora mi segundo viaje a Venezuela y cómo la vida, o Dios, me fue empujando a Puerto Ordaz.

Además de leer y meditar mucho sobre mi futuro, elaboré en Inglaterra un proyecto de trabajo pastoral con los jóvenes venezolanos de los barrios que estudiaban en los Liceos Públicos (Institutos) y Universidades del estado. Se lo había comunicado a mi Superior religioso por carta.

Soñaba con mi proyecto. Había decidido seguir la línea conciliar. Juan XXIII había abierto las ventanas de la Iglesia y el Concilio Vaticano II, las puertas. Y había entrado aire fresco y una bocanada de esperanza para los pobres de la tierra: Una Iglesia pobre y comprometida con los explotados y los hambrientos de pan y justicia.

Me sentía animado, pues el 22 de Junio había recibido contestación de mi Superior en Venezuela, padre Jesús Francés, diciéndome que el proyecto le había gustado. Pero que:

"…al ser un ministerio nuevo, por desgracia, en Venezuela, no tenemos tradición y hemos de comenzar por tanteos y exploración del terreno…" "Así que esperamos tu regreso y te ayudaremos en tu trabajo. Hasta pronto."

A mediados de Agosto de 1.967 volaba por segunda vez a Venezuela. Llegué a Caracas. En la capital había más de 80.000 liceístas sin atención religiosa. La Iglesia Católica, con sus colegios clasistas, solo atendía a un 10% de los jóvenes casi todos de familias ricas.

El 90% se escapan de nuestras manos. Los pobres no son evangelizados.

Nuestros colegios y parroquias absorben a la casi totalidad de nuestros sacerdotes, dejando para otras obras sociales un reducidísimo numero de clérigos.

Rechacé dos invitaciones del Colegio San Ignacio de Caracas para trabajar en el Centro Excursionista y en la promoción de vocaciones sacerdotales. Tampoco acepté colaborar con los cursillos de Capacitación Social que impartía un selecto grupito de jesuitas pues les faltaba continuidad.

Por fin conocí a un grupo que se denominaba "JÓVENES DE ACCIÓN, fundado por el sacerdote secular belga Armando Jansens. Se lo comenté a mi Superior y me respondió que sería bueno comenzar con él en plan de experiencia.

Asistí a un cursillo para dirigentes. Era mi segunda semana de estancia en Caracas. Al presentarme ante el grupo de jóvenes, me preguntaron si tenía algún sobrenombre. De repente, me acordé que en Oña (Burgos), mi amigo, Ignacio Armada, me llamaba Pepe (de las iniciales de mi nombre y primer apellido). Desde entonces y hasta ahora, en Venezuela me conocen por el nombre de Padre Pepe.

¿Cómo trabajaban los Jóvenes de Acción? Los liceístas, al salir de las clases, una vez por semana, se reunían en casa de uno de ellos por equipos de ocho a doce. Los dirigentes de cada zona tenían una reunión semanal con el fin de preparar la de su equipo. El fin del Movimiento era buscar una revolución social cultural en la juventud basada en una formación integral. Medios utilizados: reuniones de equipo, convivencias de dirigentes, cursillos de dirigentes, cursos de iniciación, etc.

Pero observé que, aparte de las reuniones semanales, todo lo demás se quedaba en el papel.

Los dirigentes no eran tales: eran corderillos dirigidos por el Padre Armando; repetían lo que les decía; no eran conscientes de su misión como Iglesia, poco comprometidos con el apostolado; no tenían un convencimiento personal espiritual ni social. Servían para hacer reuniones interesantes con una panoplia de juegos, cantos y diversiones semi—infantiles. Me parecieron unos monaguillos bien organizados por el Párroco.

Todo esto se lo manifesté a las pocas semanas al Padre Jansens. Me dio la razón. Pero luego, cuando le proponía soluciones y remedios paulatinos, me la quitaba.

Pensando él que iba a chocar y fracasar, me destinó a promocionar el movimiento en tres zonas nuevas. Acogí la idea como un reto y me puse a trabajar.

Mi primer paso fue buscar y formar posibles dirigentes que fueran conscientes, motivados social y espiritualmente. Me preocupé de infundirles un espíritu capaz de realizar una revolución social y cultural a fondo, comenzando por sí mismos. Teníamos reuniones para comentar el evangelio y aplicarlo a nuestras vidas; estudiábamos la realidad latinoamericana concluyendo que debíamos transformar las estructuras de la Sociedad.

Les fui insistiendo en las ideas de fraternidad cristiana de los Hechos de los Apóstoles, sensibilidad social, austeridad de vida, proselitismo sano entre sus compañeros de aula, etc. La confesión me resultó utilísima para esta conversión interior. Les insistía poco al principio. Pero en esa dinámica interna íbamos fundando equipos de jóvenes cristianos comprometidos.

Vimos la necesidad de organizar unos cursillos de formación inicial. Los llevaban a cabo los dirigentes ya formados o en formación. Los denominamos FISCRA (Formación Integral Social Comunitaria Revolucionaria y de Acción). Ellos daban las charlas, organizaban las tertulias, la comida y al mismo tiempo me iban enviando al despacho (donde me pasaba encerrado todo el fin de semana) a jóvenes que deseaban comprometerse más. Charlaba con ellos y al final muchos acababan confesándose y decididos a iniciar una nueva vida.

La última lección del cursillo FISCRA consistía en una misa comunitaria que presidía yo, rodeado de todos los jóvenes sentados alrededor de la mesa donde compartíamos el pan y el vino consagrados. Seguía la cena. Era algo colosal.

¡Qué cambio experimentaban tanto los dirigentes como los neófitos!

Realizamos cuatro o cinco FISCRA con resultados cada vez más extraordinarios. A estos cursillos añadimos los Centros de Estudio en los cuales leíamos y comentábamos libros de carácter religioso o social, planificábamos el trabajo en los grupos. Esencialmente eran dos horas dedicadas a formarnos personalmente.

Terminábamos a horas tardías. Cada uno de ellos sabía qué grupo presidiría, cómo hacerlo y porqué. Yo me limitaba a esta reunión de formación y a visitar a las familias de los jóvenes para explicarles el movimiento y que permitieran a sus hijos asistir a los FISCRA y Centros de Estudio.

En esta primera etapa trabajé demasiado. Visitaba además los liceos a la salida de clase y a algún grupo más polémico. Pero siempre cuando me lo solicitaban los dirigentes. Estaba a su servicio. Pronto tuvimos que dividir los barrios y delimitarlos en zonas y sectores. Conocí las barracas, las escaleras de tierra, las calles malolientes y muchas familias humildes. Nunca tuve el más mínimo problema en ningún rincón oscuro. En seis semanas perdí seis kilos.

Estaba totalmente entregado y realizado como sacerdote de los pobres sin quererlo.

En cinco meses de trabajo, para Marzo del 68, funcionaban 23 equipos de unos veinte jóvenes cada uno. Los dirigentes ya trabajaban solos. Todos me apreciaban y querían. Seguía repartiendo responsabilidades y cada vez me quedaba más tiempo para leer, estudiar y meditar. Acudía a las reuniones de equipo solo cuando me lo pedían. Florecían las comunidades cristianas de jóvenes llenos de alegría y fraternidad que solicitaban volviese la semana que viene. Algunos me pedían la confesión, otros que fuese a su casa, que sus padres querían conocerme…

El método estaba dando resultados prometedores. ¡Estaba entusiasmado!

El pequeño grupo de dirigentes que se inició se había multiplicado a medida que organizábamos más FISCRA.

No nos quedamos encerrados en Caracas. Realizamos dos campamentos de trabajo en el interior del país, con los campesinos. El realizado en la Semana Santa mereció calurosos comentarios en toda la prensa nacional: cuatro reportajes en los diarios de mayor circulación. Un vespertino titulaba así la pagina:

"Obras para la comunidad realiza nuestra juventud: 81 muchachos (-as) dejaron de lado las vacaciones de Semana Santa para construir obras de interés social en el Asentamiento Campesino La Paredeña, en el Estado Cojedes… Es necesario que la comunidad y sus dirigentes respeten el derecho de la juventud a participar en el desarrollo económico y social del país…."

y sigue un reportaje de una página entera.

Realizamos también un plan de remodelación de barrios en colaboración con los liceístas de la zona.

Planeamos un curso de recuperación para 300 alumnos que fueran suspendidos en Julio.

Pensamos en otros dos campamentos de trabajo durante las vacaciones de verano.

Todo esto hizo que nuestro trabajo en los Liceos quisiera ser imitado en otros países. Hablé con el Padre Hoyos (jesuita colombiano) que venía de Europa.

También me entrevisté con el Padre Latorre (jesuita ecuatoriano) que había oído hablar en Estados Unidos de nuestro ministerio y que estaba dispuesto a trabajar con nosotros a partir de enero. Su deseo era internacionalizar luego este trabajo. La Directora Provincial de la Institución Teresiana intentaba hablar con nosotros para que explicáramos cómo nos habíamos introducido en los Liceos públicos, que les parecía tan difícil. La Subdirectora de la Residencia Universitaria de

Caracas (en la Universidad Central de Venezuela, estatal) de la congregación Teresiana había hablado conmigo para preparar la entrevista con su Superiora.

Le presenté a todos mis colaboradores. Charló con todos. Quedó impresionada, según me comentó después.

Durante esos meses de actividad apostólica, tres muchachos y una chica habían tenido charlas conmigo sobre una incipiente vocación religiosa.

Pensé que Dios había bendecido nuestro esfuerzo en un nuevo ministerio: el apostolado con la juventud que estudiaba en los liceos públicos y vivía en los barrios más pobres de una ciudad cosmopolita.

Pero no todo era de color de rosa.

En el resto del movimiento Jóvenes de Acción, se había despertado una suspicacia contagiosa que insinuaba divisionismo por nuestra parte, ideas diferentes, elitismo, creación de un grupo político, etc. Todos estos rumores no vinieron juntos. Aparecía uno en una reunión. Otro en otra y así…

La crisis estalló en Febrero., en una reunión del Comité Ejecutivo de los Jóvenes de Acción; estaba explicando los procedimientos y resultados obtenidos.

Propuse varias alternativas y todas eran rechazadas por la única razón de que ellos sabían lo que era mejor para el Movimiento. El bloque de dirigentes dominado por Armando se negaba a todo. Me sentía muy incomodo en las reuniones del Comité y propuse introducir en dicho Comité, dirigentes de mis zonas de trabajo.

Legalmente no me lo podían negar y aceptaron, al fin, el ingreso de dos.

Eran los dos mejores dirigentes formados con nuestro método de trabajo. Ya no era yo solo el que proponía nuevos avances para todo el Movimiento.

A partir de Abril, nuestro sistema se fue imponiendo hasta tal punto que los mismos dirigentes de Armando fueron aceptando progresivamente métodos concretos de nuestro sistema de trabajo: los cursillos FISCRA, los Centros de Estudio, los Campamentos de Trabajo, etc. Parecía que el desacuerdo llegaba a su final.

Más tarde me enteré que a finales de Febrero, el P. Armando había hablado con mi Superior, Padre Jesús Francés, para que me sacara de Caracas. Por supuesto que a mí no me dijo nada y seguíamos charlando con normalidad.

Durante estos cinco meses había estado impartiendo dos clases de religión a la semana en un colegio de las Hermanas de Sta. Ana. Me pagaban ciento veinte bolívares mensuales y con este dinero pagaba mi transporte en autobús, compraba libros para los Centros de Estudio, ayudaba a muchachos pobres, etc. Los dirigentes me ofrecieron comprar un coche entre todos para que pudiera desplazarme mejor a través de Caracas. Rechacé la idea porque quería vivir pobre y trasladarme como los pobres: en autobús. Así en esos viajes rezaba el rosario tranquilamente. Les insistía en que mi papel en el movimiento, no era ocuparme del dinero, ni de la mecánica de los equipos sino estrictamente espiritual y religioso. Seguiría con las confesiones, las charlas espirituales, las misas "a mi manera", etc.

Había sido un recorrido fatigoso: comencé haciendo subsidiariamente todo el trabajo. Ahora, cada vez más, era el sacerdote pobre de los jóvenes. Ellos me requerían ahora como sacerdote. Y el Movimiento seguía caminando.

Toda esta "vida" me fue acarreando enemistades con todo un arco de autoridades y poderes, que siendo fiel al Evangelio, iba menospreciando pero que poco después iban a dar al traste con este apostolado prometedor. No puedo justificar todas mis actuaciones. No puedo decir que nunca metiera la pata. Pero no tenía mala voluntad. Estaba comenzando en un ministerio nuevo y difícil. Lo cierto es que la verdad que predicaba y vivía tan intensamente desagradó a ciertos sujetos y repercutió en mis relaciones con los poderosos.

El jueves, 25 de Abril, me llamó el Padre Provincial a hablar con él. Me dejó comenzar. Empecé relatándole todo lo que habíamos hecho en estos siete meses que llevaba en Jóvenes de Acción: los comienzos difíciles, la búsqueda y formación de dirigentes, los resultados, las vocaciones que despuntaban, el plan de campos de trabajo, la idea que teníamos de ir a vivir al barrio San Agustín para testimoniar nuestra fe…Yo seguía emocionado colocando a sus pies la cosecha conseguida.

El estaba mirándome con una sonrisa algo incrédula, fría. Pero seguía narrándole los planes de acción para el verano: unos ejercicios espirituales para unos cuarenta jóvenes, dos campamentos de trabajo, clases de recuperación para liceístas…

Cuando oyó lo de ir a vivir a un barrio pobre, abrió los ojos desmesuradamente y me frenó en seco:

—"Si quieres seguir siendo jesuita, no pienses en eso."

—¿Cómo?

—Además; una cosa es lo que tú me cuentas y otra muy diferente lo que me han dicho a mí…

—Pero… ¿qué le…?

—Mira, Pedro, —y comenzó a leerme la cartilla— me han contado que dices la Misa en mangas de camisa, sin los ornamentos sagrados y con pan y vino corrientes. Que has frustrado a los padres espirituales del Colegio San Ignacio. Que las vocaciones que había se han estropeado por tu culpa. Que pernoctas hasta las once de la noche en alguna familia. Que no haces vida de comunidad según los decretos de la Congregación General. Que llegas tarde a casa. Que das a los muchachos una formación de izquierda, más social que espiritual. Que les infundes un espíritu agresivo. Que hablas mal de las instituciones y de las personas. Que tu método es destruir y no construir. Que donde estás creas divisionismo y grupo cerrado…

Me quedé consternado, indignado, deshecho. Le pedí que volviera a leerme todo lo que habían dicho de mí para apuntarlo. Por eso puedo reconstruir todo lo que me dijo esa tarde. Cuando terminó, le dije:

—Hasta los parias de la India tienen derecho a defenderse, ¿no? Vamos por partes, ¿quiere?

—Mira, Pedro, he recibido quejas tuyas de personas con faja blanca, negra, roja y aún de señora. Por tanto el curso que viene he decidido trasladarte al Colegio Gonzaga de Maracaibo.

—¿Cómo? Y todo este trabajo, estos jóvenes, los planes que tenemos preparados para los próximos meses, los ejercicios espirituales que me han pedido para fin de este curso, los campamentos de trabajo, y yo mismo… ¿Cómo voy a hacer?

—¡Ah! y otra cosa más: "no les digas nada a los jóvenes por ahora".

—Pero bueno, entonces, ¿quiere que les esté mintiendo cuando sigamos planificando el futuro?

—Sí. Te prohíbo que les digas algo del cambio de destino para el año que viene.

—No entiendo, padre, no entiendo nada.

Permanecía sentado frente a su mesa llena de papeles. Estaba oscureciendo.

Me encontraba confundido. Agobiado. Como si me hubiesen dado un golpe muy fuerte en la cabeza. Le miraba, pensaba no sé en qué. No puede ser. Los parias de la India... No me había escuchado nada. Tenía la sentencia preparada. Toda mi ilusión puesta en mi exposición no servía para nada.

Salí pausadamente de su despacho y me fui a la capilla. Lloré internamente.

Estuve un largo rato ordenando mis pensamientos. No podía ser. No por mí sino por esos trescientos jóvenes que no entenderían ni aceptarían ese cambio de destino. Decidí elaborar un extenso informe al Padre General de la Compañía de Jesús, Padre Arrupe. A quien le explicaría y justificaría todas esas acusaciones y la causa de las presiones recibidas por el Provincial.

—Voy a pelear, me dije.

Estuve varios días encerrado escribiendo la memoria de lo realizado en esos pocos meses y arguyendo todas las acusaciones amontonadas contra mí. Por fin, el día 9 de Mayo de 1.968, le encabezaba el prolijo informe de once páginas que aún conservo, con la siguiente carta:

"Muy Reverendo P. General.
Roma.

Muy estimado P. Arrupe:
Pax Cristi[1].

Es la primera vez que escribo a Roma y que me atrevo a molestar a un Padre General. La presente se debe a mi situación planteada por el cambio brusco de destino que me ha dado el Padre Provincial, Jesús Francés.

No le quería escribir, pero dos padres de esta casa, con mucha experiencia, me aconsejaron que le pusiera al corriente de lo que me ha pasado y de lo que pasa en la Viceprovincia de Venezuela.

Aunque el impacto personal ha sido y es muy fuerte, tenga en cuenta que todo lo he ofrecido al Señor y que le escribo este informe adjunto para desahogarme con S.R.[2] y para ver si es posible puedan darme otra oportunidad teniendo en cuenta los errores cometidos.

Confío pueda leer despacio el informe que le adjunto y que luego me diga su última palabra que aceptaré —con la gracia de Dios que espero no me falte tampoco en esta ocasión— lo que S.R.[2] tenga a bien disponer de esta persona para el mayor bien de la Iglesia, de la Compañía de Jesús y de esta juventud venezolana a la que quiero dedicar toda la vida.

En unión de oraciones se despide su hijo y hermano en el Señor,

P. Prieto, S.J.[3]"

---

[1] La Paz de Cristo
[2] Su Reverencia
[3] Societatis Jesu; Compañía de Jesús; Jesuíta

No quiero terminar esta página tan dolorosa de mi vida, sin transcribir los últimos párrafos del informe adjuntado al P. Arrupe:

"No quiero desistir todavía de una pequeña esperanza que me queda. La confianza que me da contarle todo esto a S.R. y que comprenda que estoy dispuesto a enmendarme en una serie de puntos, pero que no vea la necesidad de sacarme de este apostolado duro, difícil, pero que me ha llenado totalmente como persona, como cristiano, como sacerdote y como jesuita.

Si he recargado mi defensa espero sepa comprender mi entusiasmo por una obra que ha nacido entre dolores y sacrificios y que ya a los siete meses de nacer, todavía débil y humilde, tendré que abandonar, muy a mi pesar, para ir a formar parte de un colegio más o menos clasista en los que no creo, dada la situación de la juventud venezolana pobre y humilde, que es la mayoría de estos jóvenes con los que trabajo.

Me alegro que me haya pasado esto, después de que Ud. mismo haya visitado la realidad latinoamericana. ¡Ojalá cambiáramos nuestra ordinaria estructura apostólica y nos dedicáramos como Cristo, el Concilio y usted mismo ha dicho, a los pobres! Una Iglesia pobre, para los pobres y con los pobres, haría el milagro de una revolución pacífica en Latinoamérica. Ojalá nuestros pastores comprendan esta única solución antes de ver el infierno de una revolución comunista en estas veintiuna repúblicas sudamericanas".

Caracas, 10-V-1.968."

Mientras alentaba una pequeña esperanza en mi interior, seguía el trabajo rutinario muerto por dentro. No dije nada a nadie, ni siquiera a los dirigentes más íntimos. Pero ellos me notaban algo triste. Mi situación era muy delicada. Trabajaba como un autómata.

Esperaba con impaciencia la contestación del P. Arrupe, mi última esperanza. Al fin me llegó esta carta a primeros de Julio firmada por el mismo Padre Arrupe:

"Roma, 28 de Junio de 1.968.

Querido P. Prieto:

Le agradezco sinceramente la confianza filial con que en su carta de fecha 9 de Mayo y el informe que acompañaba, me habla sobre la situación que actualmente tiene Ud. planteada con respecto a sus actividades y a su destino.

He pedido información al P. Ozanam según me sugiere Ud. en la carta, acerca de los Jóvenes de Acción y la Comunidad que desean formar. Teniendo en cuenta todos los datos, escribo al P. Provincial, a quien hará Ud. muy bien en acudir de nuevo para que él, reconsiderando su caso, decida. A los Superiores Provinciales corresponde decir la última palabra sobre los destinos de sus súbditos dentro de su territorio; aunque pueden éstos, naturalmente, recurrir a Roma para que desde aquí se hagan las oportunas indicaciones a los Provinciales.

Con todo afecto le envío mi bendición a la vez que me encomiendo en sus oraciones.

Suyo en el Señor,

Pedro Arrupe S.J."

Ya el curso escolar había terminado. Estaba todo en el aire.

La carta del P. Arrupe me animó un poco. Me fui a hablar con el P. Jesús Francés, por si había reconsiderado mi caso.

La entrevista duró pocos minutos.

—Tienes que ir a Maracaibo cuanto antes. Te está esperando el P. Ignacio Huarte, rector del Colegio Gonzaga.

—Per…, ¿no hay nada que hacer?

—Nada, Nada.

—Bueno, pues voy a despedirme de los jóvenes y me iré la semana que viene.

—De acuerdo.

Salí del despacho recordando con amargura el texto de su carta del 22 de Junio del año pasado:

"Al ser éste un ministerio nuevo… hemos de comenzar por tanteos y exploración del terreno… esperamos tu regreso y te ayudaremos en tu trabajo."

No había otra oportunidad para este apostolado porque las presiones de los poderosos habían sido muy fuertes, según me enteré más tarde.

Monseñor Henríquez, Arzobispo de Caracas, le había pedido al Provincial que me sacara de Caracas.

El partido Social Cristiano "COPEI", vio en mi trabajo con los jóvenes una futura fisura en su partido cuando se acercaba, en las próximas elecciones, a tomar el poder y no podía permitirse una división en sus filas. El grupo Izquierda Cristiana se estaba formando muy lejos de mi intención. Pero éstas y otras cuestiones forzaron irremisiblemente mi salida de Caracas.

Cuando reuní al grupo de dirigentes para comunicarles lo que sucedía y que me iba a Maracaibo, les sentó muy mal y decidieron salirse de Jóvenes de Acción a pesar de mi argumentación preparada previamente. Entendieron que la Iglesia Venezolana estaba al servicio de poderosos intereses sociales, políticos y económicos dominantes. Resaltaron el papel conservador de la Iglesia representada por la Jerarquía, la Compañía de Jesús y el grupo de sacerdotes seculares belgas que dirigían Jóvenes de Acción.

Todos los planes que teníamos preparados para el verano se desmoronaron.

Todas las ilusiones que envolvían nuestras relaciones, nuestro trabajo, se disiparon en cuestión de días. ¡Qué pena y qué horror!

Lo único que perduró fue la amistad, la experiencia, los bellísimos recuerdos de un trabajo bien hecho.

Esta carta termina haciendo la maleta. Mi viaje continúa hacia ti.

CUARTA CARTA: TRES ARZOBISPOS EN CONTRA.

Querida Irune:

Voy a contarte mi corta estancia en la tierra del sol amada, Maracaibo, y todas las peripecias que me llevaron a Puerto Ordaz.

Una tarde, ya entrada en la noche, cogí el autobús a Maracaibo. Me gustaba viajar de noche. Dormía bien en los autobuses aunque no tenían aire acondicionado y al día siguiente, temprano, estaba moviéndome en el lugar de destino. No eran muy cómodos los asientos, pero eran reclinables y en una cierta postura dormía perfectamente. Así consumía los 800 kilómetros de distancia.

Pero esa noche era distinta. La despedida que me hicieron los dirigentes en la estación de autobuses de Nuevo Circo, me acompañó todo el viaje.

Cerré los ojos intentando dormir. Me venían a borbotones los reclamos de mis amigos para que abandonase la Compañía de Jesús y siguiera trabajando con ellos en Caracas.

¿Mi viaje a mi futuro destino era una huida cobarde? ¿Era una prueba de fidelidad a mi vocación jesuítica? ¿Mi fidelidad a la obediencia era una ruptura de mi compromiso con ellos? ¿Hacía bien en irme, dejarlos tristes y llorosos? ¿Superarían ellos solos este trauma?

Llegué al Colegio Gonzaga. Eran unas casitas individuales de madera de una planta separadas unas de otras por zonas verdes y elevadas del suelo para evitar la humedad. En varias de ellas vivíamos los jesuitas; en otra estaba el comedor, en otra la Capilla, etc. Dos locales más grandes de ladrillo y de varias plantas encerraban las aulas, laboratorios, etc. Todo ese cúmulo de edificaciones estaba unido por serpenteantes calles asfaltadas y adornadas por palmeras. Al levante el Colegio lindaba con una playa del Lago Maracaibo; al poniente con un ancha Avenida de largo recorrido; al sur con el prestigioso Hotel del Lago y al norte con un barrio de tablas y zinc donde pululaba la miseria, la sed y los niños.

El calor era agobiante. Cuarenta grados a la sombra durante todo el año. Por la noche recorría una húmeda brisa cálida con un fuerte olor a petróleo derretido. Se terminó para mí el clima primaveral de Caracas.

Transcurrieron los primeros días ambientándome y realizando los ejercicios espirituales de S. Ignacio. En vez de una casita pobre en el barrio S. Agustín de Caracas vivía en una habitación amplia y cómoda, con la comida asegurada, la ropa limpia y planchada y todos los gastos pagados.

Y comenzó el curso. Me destinaron a trabajar con niños pequeños menores de 12 años. Su clase social era alta o muy alta. Todo lo contrario de lo que había vivido y pedido. Lo consideré como un despido indirecto y un desafío.

A las 4:30 de la tarde terminaban las clases. Merendaba algo y caminaba hasta el barrio pobre de al lado. Entraba en un ranchito y, después de presentarme, charlaba con la gente. Los niños corrían y jugaban en la calles de arena con latas de sardinas o botes de leche en polvo vacíos.

Notaba que en ese ambiente me encontraba a gusto. No compadecía a la gente, sentía una cierta melancolía, un ambiente de confianza y de sinceridad. Todas las tardes les iba a acompañar. Estaba con ellos.

Dentro de las chabolas no se podía estar por el calor insoportable y la falta de ventilación al no existir ventanas. Las de Caracas eran más habitables. Me di cuenta que entre los miserables también había "clases". Las de Maracaibo eran casi todas de zinc: paredes y techo. Dentro no había separaciones.

Unas simples cortinas o sábanas viejas separaban el dormitorio, el resto era cocina, comedor, sala, etc. Unos clavos en los travesaños verticales de madera hacían de colgadores y ropero. Una cocinilla elemental de querosén era la cocina de los más afortunados.

Y en medio, repartidos sobre el suelo de arena, unos bancos, banquetas rústicas en donde te reciben sentados con la mayor amabilidad y una sonrisa bondadosa.

Pues bien. Visité poco a poco a casi todas las familias enterándome de todos sus problemas. Carecían de agua, luz, cloacas, baños. No había calles ni escuela. Casi ninguno tenía trabajo. Procedían del campo. Hice un pequeño censo: Unas sesenta familias con un promedio de cinco hijos casi todos menores de edad.

El hambre que les consumía me conmovió. Lo regular era una "comida" al día, carente de proteínas: arroz blanco, frijoles, espaguetis. A veces una salchicha partida en rodajitas muy finas. En cierta ocasión que hicimos una *cayapa*[4] para arreglar la calle principal del barrio, realizamos una colecta con la que las mujeres prepararon una comida que consistió en arroz

---
[4] Reunión de varios vecinos para ejecutar una labor concreta.

con pollo para todos los trabajadores. Y esta imagen que te cuento no se me ha borrado ni creo que se me borrará jamás: yo vi con estos ojos, a los niños comerse y saborear las puntas de los huesos largos del pollo, tirando a los perros solamente la parte central más dura. ¡Esta fotografía de este barrio no se me olvidará jamás! Qué bien me ha hecho interiormente...

Otros días comprábamos cemento y nos dedicábamos a echarle una capa de cinco centímetros al piso de arena. En este barrio aprendí algo que me sería más tarde muy útil: hacer pisos de cemento.

Estas y otras actividades manuales las alternábamos con reuniones de jóvenes, niños y adultos. Preparamos un grupo para hacer la primera comunión. Organizamos una junta de vecinos para solicitar luz, agua, etc. Iba con ellos a las oficinas públicas reclamando los servicios mínimos.

El curso dentro del Colegio no merece la pena ni describirlo. Lo único que destacaría es que progresivamente muchachos mayores de bachillerato venían a mi despacho interesándose por lo que hacía en el barrio de al lado cuando terminaban las clases.

—Venid conmigo y lo veréis.

Así, poco a poco, los mayores empezaron a acompañarme, a conocer esa realidad y a colaborar con la gente del barrio. En poco tiempo se fue formando un grupo creciente que comenzaba a ser más visible, crítico y problemático para el Colegio.

También comenzaron los otros compañeros del Colegio, sacerdotes jesuitas o estudiantes, a sentirse cuestionados por los muchachos y a increparme por mis salidas al barrio.

—"¡Estás más tiempo en el barrio que aquí!".

—Oye, yo cumplo todo lo que me exige el Colegio. Lo que pasa es que por las tardes, en vez de sentarme a jugar al dominó o al mus, me "divierte" más colaborar con esa gente que nos es tan próxima.

Estas conversaciones con los demás jesuitas se fueron agriando hasta que una vez me llamó el Rector a su despacho. Una frase se me quedó grabada:

—Pedro, ese ideal de pobreza no lo podrás vivir dentro de la Compañía de Jesús.

Transcurría el curso escolar cuando sucedió algo que volvería a alterar completamente el recorrido de mi vida.

En un viaje que tuve que hacer a Caracas me invitaron mis amigos jóvenes a una reunión en el Parque del Este, un singular pulmón verde en el centro de la ciudad.

Se alegraron mucho al verme. Les escuché todas sus aventuras desde nuestra separación y me pidieron que en la reunión les contara las mías. Y así fue.

A la hora convenida nos sentamos todos sobre la fresca hierba en un círculo. Éramos unos treinta. Todos escuchaban con avidez, interrumpiéndome a veces para pedirme explicaciones que yo suponía o quería omitir.

De pronto un grupito me hizo la siguiente pregunta textual:

—Pepe, ¿cuándo se puede interrumpir una Misa sin que sea pecado?

No me imaginaba al principio el objetivo de esa cuestión. Y les hice una breve explicación.

—Pues en el momento de la Homilía, porque la misma palabra lo dice: momento de la Misa en que el celebrante hace un razonamiento o plática con los feligreses sobre un tema. En esa etapa de la Misa podéis preguntar o proponer algo al celebrante. Ese es el momento para una conversación. ¿Por qué preguntáis ésto?

—Porque queremos hacer una carta y leerla en una Iglesia explicando nuestros puntos de vista sobre la Iglesia de los Pobres.

Y seguimos la animada conversación por otros derroteros.

Llegó otra vez el triste momento de la despedida. Yo me volví en autobús a Maracaibo.

El lunes siguiente, la prensa, radio y televisión resaltaban en sus primeras páginas el escandaloso acontecimiento nacional del domingo:

"Unos 50 jóvenes de Caracas protagonizaron un escándalo en la Iglesia Santa Teresa de Caracas". Solicitaron al celebrante permiso para leer un panfleto y al negarse, le arrebataron el micrófono y lo hicieron. El cura comenzó a sonar un silbato y a solicitar la presencia de la policía. En medio del escándalo producido entraron los gendarmes al templo y sacaron violentamente a los jóvenes del recinto sacro. La detención de una docena con sus nombres y apellidos salió en la prensa; unos eran habitantes de barrios humildes pero otros resultaron ser hijos de profesionales de renombre en la ciudad. Se rumorea que este incidente va a repetirse en otras ciudades del país. El núcleo de la protesta era la inclinación de la Jerarquía Oficial hacia una Iglesia de los ricos y a la expulsión de sacerdotes de sus parroquias por preocuparse de los pobres, etc."

En Maracaibo, el grupo de jóvenes que me acompañaba al barrio y sus amigos, se reunieron para preparar un documento que sería leído en sus parroquias respectivas.

Visto el escándalo referido en la Iglesia de Sta. Teresa, les pedí que hablaran previamente con sus párrocos para que no fuese tan tumultuosa su lectura.

De hecho, el despliegue organizado en Maracaibo en una docena de Iglesias fue más tranquilo y casi todos los curas permitieron a los jóvenes leer su carta desde el altar.

Como resonancia y consecuencia de estas acciones de compromiso en Caracas y otras ciudades, me pidieron que realizáramos en la Semana Santa de 1.969 el *"Primer encuentro de jóvenes pertenecientes a movimientos juveniles católicos"*.

Después de los lógicos contactos y organización de todos los detalles, nos reunimos el Miércoles Santo por la tarde en un Instituto de Educación público ya que el Rector no me permitió realizarlo en las aulas vacías del Colegio Gonzaga.

La primera reunión consistía en una presentación de los delegados que venían de diversos puntos del país. Al mismo tiempo hacían una breve presentación y una crítica inicial del movimiento al que pertenecían. Aprobamos grabar las intervenciones para su posterior análisis y revisión. Esa grabación fue la soga en la que me iban a ahorcar.

Terminamos muy tarde pues las delegaciones eran abundantes y el clima era abierto y franco. Todos los que acudieron de otras partes del país se hospedaron en las cases de los jóvenes de Maracaibo.

Yo, acompañado de los responsables, cerré las puertas del Instituto y me fui al Colegio muy satisfecho.

Por la mañana del Jueves Santo, cuando me disponía a salir del Colegio, me llamó el Rector Ignacio Huarte para decirme que por orden del Arzobispo de Maracaibo Monseñor Domingo Roa Pérez, a quien no conocía siquiera, había suspendido el encuentro. Así, sin más.

—¿Cómo? ¿Por qué? Pero, ¿qué ha pasado? Explíqueme, por favor...

—Nada, que el Sr. Arzobispo ha escuchado una cinta que debisteis grabar ayer tarde y no le ha gustado nada. Además me ha dicho que no escuchó ninguna intervención tuya condenando las expresiones antieclesiásticas que se dijeron. Además, te ha expulsado de su diócesis y al explicarle yo el desajuste para el Colegio que supondría tu salida a mitad del año, ha accedido benévolamente a que termines el curso escolar pero a condición de que no salgas del Colegio y que no trabajes más con esos jóvenes...

—Bueno, pues. ¿Y qué van a hacer esos 40 jóvenes que han viajado desde tan lejos y que estarán esperando en el Instituto?

—Ya he previsto eso y he mandado a un padre para que vaya a buscar a alguno y venga a hablar contigo aquí en el Colegio.

....

....

—Metisteis la pata al grabar las intervenciones. Esa cinta la escuchó el Sr. Arzobispo ayer por la noche y esta mañanita me ha llamado por teléfono. Quería que salieras ya de Maracaibo. ¿Qué querían esos muchachos? El Sr. Arzobispo estaba irritadísimo. A duras penas he podido negociar con él una solución intermedia. Ya te digo. Al final del curso tienes que salir de aquí.

—Pero si yo no dije nada, nada. Me limité a escuchar…

—Por eso le disgustó mucho más el asunto; me decía: ¿cómo puede escuchar un sacerdote esas cosas y no interrumpir inmediatamente el acto?

—Pero, padre, si eran las primeras intervenciones… No iba a decirles que no estaba de acuerdo desde el inicio. Para eso era el encuentro. Para buscar alternativas y mejoras a través del diálogo ¿Puedo hablar con él?

—No, no quiere. Ya sabes Pepe. En julio tendrás que irte….

Así fue abortado el primer encuentro de jóvenes. Estos entendieron mi obediencia pero no la prohibición. La amargura de esa Semana Santa fue atroz, en ellos y en mí.

Me sentía morir.

Mi vocación, sin sentido.

Mi vida, acabada.

Pero decidí seguir insistiendo. Terminé el curso como pude, aburrido, paseando por el Colegio mis tardes de ocio. Reflexionando.

Al finalizar el curso preparé mi maleta y fui a hacer los ejercicios espirituales a la Universidad Católica Andrés Bello en Caracas.

Pero no todo fue negativo en esos meses transcurridos en Maracaibo.

Un estudiante jesuita, Alfredo Sardi, nacido en Caracas, que estaba ese año haciendo su magisterio en este mismo Colegio Gonzaga, comenzó a entender su sentido de compromiso con los pobres, decidió pedir al Padre Provincial salir del Colegio y acompañarme a donde me enviase.

Después de los Ejercicios Espirituales realizados en Caracas y leer juntos el libro de José María González Ruiz titulado: "Pobreza Evangélica y promoción humana", hablamos con el Padre Provincial.

—Ya no sé adonde destinarte. El año pasado en Caracas; no te querían. Este año en Maracaibo; tampoco te aceptan. ¿A dónde te mando…?"

—Pues a trabajar con los pobres a un barrio humilde, donde sea…. Respondimos Alfredo y yo.

—Ya, ya. Estoy pensando destinaros a Puerto Ordaz. El Padre Marcoida solía ir a decir Misa los domingos a un barrio pobre y está enfermo. No va a poder hacerse cargo.

—Pero ¿sólo a ir a decir Misa los domingos?

—No, no; si queréis quedaos a vivir allí; él tenía una capillita…Vosotros veréis… Pero claro al principio deberéis estar en el Colegio Loyola hasta que os instaléis. Y una vez a la semana subid a comer o a cenar al colegio.

—De acuerdo. ¿Cuándo nos vamos?

—Cuando queráis. Pero a ver qué lío me formáis allá…

Alfredo Sardi tenía a sus familiares en Caracas y se despidió de ellos. Yo llamé a Víctor García M. y a Ignacio Alzuru, dos destacados dirigentes de los grupos de Jóvenes de Acción que trabajaron conmigo en Caracas, para comunicarles mi último destino. Ellos convocaron una reunión al día siguiente y nos vimos todos en una cafetería.

—¿Por qué no te sales de cura? ¿No te has hartado de esos curas y Obispos? ¿Por qué no te quedas en Caracas a trabajar como antes?

—La Iglesia es una institución poderosa y hay que convertirla desde dentro. Si lo logramos, los pobres, tendrán una fuerza al lado que les ayudará mucho en su lucha. Por eso aguantaré hasta que pueda. Tengo un compromiso que cumplir: ser cura de los pobres y seré cura hasta que pueda resistir.

Los muchachos no entendieron todo lo que les quería transmitir pero nos despedimos no sin antes decirles que la casa que tendría en Puerto Ordaz estaría siempre a su servicio. Con un "Hasta pronto", nos abrazamos y despedimos.

Por fin, el 2 de julio de 1.969 en un autobús de la línea Bolívar salimos Alfredo y yo rumbo a Puerto Ordaz.

Estaba oscureciendo en Caracas. Hasta la mañana siguiente no veríamos las luces de Puerto Ordaz. Fueron 10 horas de viaje con dos paradas intermedias para recorrer 800 Km.

Puerto Ordaz era el nombre popular. Santo Tomé de Guayana era el nombre oficial de esa población fundada por Antonio de Berrío en 1.591 cuando llegó desde Nueva Granada para tomar posesión de Guayana. Él navegó Orinoco abajo hasta llegar a la desembocadura de su afluente el río Caroní durante el reinado de Felipe II buscando el anhelado "Dorado".

Los misioneros capuchinos fundaron la misión de Caroní, quedando todavía hoy las ruinas de una enorme iglesia. Se han encontrado entre la espesa selva restos de hornos de pan y fundiciones de hierro que trabajaron los nativos orientados por los misioneros. Tiempo después visité ese lugar en medio de gigantescos árboles, abundante maleza y millares de mariposas multicolores.

El entorno de la ciudad es selvático y salvaje. Siempre he dicho que Ciudad Guayana está en la frontera de la selva. Al margen derecho del majestuoso Orinoco y en las dos vertientes del río Caroní se asienta una pujante población deseosa de aprovecharse de los ingentes recursos naturales de esta región guayanesa.

Subimos al Colegio Loyola y después de asearnos y comer, bajamos al barrio Los Monos.

Hace años había estado unos días de excursión en Puerto Ordaz, siendo profesor del Colegio San Ignacio de Caracas. Pero la ciudad había crecido desmesuradamente. Las urbanizaciones emergentes, las avenidas amplias, los comercios, etc. eran nuevos. Tuvimos que ir preguntando hasta llegar al Barrio Los Monos, situado entre la Avenida Principal de Castillito y el río Caroní.

Pisamos barro y aguas negras por las que llamaban calles. Muchos niños barrigones nos miraban extrañados cuando nos paramos ante una construcción de ladrillo que había tenido una capa de pintura amarilla y un techo de zinc.

Las puertas de la casa que hacía de capillita y sacristía estaban desvencijadas. Las paredes interiores y el suelo estaban totalmente inundados. El pequeño servicio lleno de excrementos me causaron náuseas. Quedaba algún banco y un reclinatorio. Nada más. Suciedad, humedad, basura. El techo de zinc, vencido por las hojas muertas de unos enormes mangos que tupían el cielo, dejaba entrar el agua cuando llovía.

Nos sentimos hundidos viendo el panorama.

Pero nos repusimos y comenzamos a sacar basuras, decididos a hacerlo habitable cuanto antes. No queríamos estar muchos días viviendo en el Colegio Loyola.

Con la ayuda de una escoba y una pala, rastrillos y carretilla que nos prestaron los vecinos, estuvimos hasta el atardecer haciendo lo que pudimos.

Anotamos lo que necesitaríamos y lo solicitamos al Rector del Colegio, P. Andueza: Maderas, herramientas, dos camitas, toallas, etc. Y sobre todo, 40 láminas de zinc para poner el techo nuevo. Estuvimos los dos trabajando casi un mes en la reparación de la casita, pero el día 20 de julio me llama el Rector y me dice:

¿Qué habéis hecho en el barrio?

Nada; bueno, estamos reparando la casa.

Pues me ha llamado el Sr. Arzobispo de Ciudad Bolívar, Monseñor Crisanto Mata Cova anunciándome que te ha suspendido "*a Divinis*[5]"

—¿Qué? — me quedé de piedra. — ¡No puede ser! ¿De verdad, padre? Pero, ¿qué razones le ha dado? Tiene que haber algún error.

—Mira Pepe; puede que sea una confusión de su parte, pero así me lo ha dicho. Lo que se me ocurre es que cuando venga a la comida del día 31 de Julio, fiesta de San Ignacio, cuando termine y esté bien satisfecho y contento, te acerques a él, te identifiques, le pidas respetuosamente las razones y se aclare tu situación. Mientras tanto, ya sabes.

Bajando del Colegio hacia el barrio, nos metimos en el Parque Cachamai. Sentados, Alfredo y yo frente a los saltos de agua del Caroní, nos pusimos a pensar en "todo".

—En un año, me han echado tres Arzobispos de su Diócesis. De Caracas, Monseñor Henríquez; de Maracaibo, Monseñor Domingo Roa Pérez y ahora, sin hacer nada, el de Ciudad Bolívar, Monseñor Crisanto Mata Cova. ¿Qué puedo hacer? — Se me vino a la cabeza la idea de abandonar, de tirar

---

[5] Prohibición de ejercer los oficios sacerdotales: decir misa, confesar, predicar…

la toalla. Yo estaba totalmente desanimado. Alfredo me animaba. En eso, mi mirada se posó en un arbolito que se aferraba a los borbotones de agua que caían sobre su débil tronco. Allí estaba, sólo ante los elementos, se mantenía firme. Dios estaba allí. Tenía que aguantar. Pedir un plazo nuevo. Negociar...

Efectivamente. El 31 de Julio subimos a comer al Colegio: langosta, vinos, no sé qué más. Yo, pendiente del Arzobispo. La charla animada entre los padres del Colegio y él, me permitían observarlo. Comía a gusto. Sus mejillas se fueron coloreando. Al terminar la comida en honor a nuestro patrono, San Ignacio de Loyola, el Rector Padre Andueza me miró para que me acercara. El Arzobispo se fue despidiendo de todos y bajando por unas escaleras hacia la planta baja, el Rector me presentó al Arzobispo. Iba detrás de él tímidamente. Al terminar las escaleras se me enfrentó y me dijo:

—Así que Ud. es el Padre Pepe. Muy bueno, muy inteligente, pero no para este pueblo. Aquí somos muy brutos. No me sirves...

—Pero... Monseñor..., con todo mi respeto. ¿No podría darme una oportunidad más?

—Vamos a ver, "padresito": te quisiera complacer; pero tengo miedo que me organices otra toma de iglesias, aquí en mi diócesis.

Comprendí de golpe el porqué de mi suspensión "a Divinis" y le argüí:

—Monseñor, yo no he organizado ninguna toma de iglesias...

Entonces me miró fijamente a los ojos, me puso sus manos sobre mis hombros y me dijo con voz solemne:

—Júrame por Dios, que no organizaste la toma de la Iglesia de Sta. Teresa.

—Monseñor, nunca he jurado en falso y menos por Dios. Por eso le quiero aclarar antes, lo que voy a jurar ante Dios y Ud. *"Yo sabía de la toma de la Iglesia, pero yo no la organicé"*

Y con un tono de voz más alto y más solemne, sin quitarme las manos de encima, ni sus ojos, me preguntó de nuevo.

—Júramelo otra vez por Dios.

—*"Le juro que yo sabía de la toma pero que yo no la organicé"*

Me quitó el peso de sus manos y su mirada inquisitiva, y me sentí juzgado y absuelto. Recordaba el momento del Cid cuando Alfonso VI le hizo jurar que no había tomado la Iglesia de Sta. Gadea. Respiré y oí que me decía:

—¡Te voy a dar un plazo de tres meses, pero no me organices ningún lío ni me metas en ningún problema! A ver si vienes de vez en cuando a charlar un rato.

Dio media vuelta y siguió su triunfal salida del Colegio.

Alfredo y yo volvimos y llenos de un gozo indescriptible nos fuimos a charlar.

¡Seguiríamos jesuitas y en Puerto Ordaz!

Querida Irune: Ya estaba, pues, en Puerto Ordaz, con permiso del Arzobispo para decir Misa, y predicar y confesar. Seguía siendo jesuita y sacerdote en ejercicio.

Había superado otra crisis

¿Cuántos golpes más aguantaría?

QUINTA CARTA: UN BARRIO POBRE

Querida hija Irune:

Voy a describirte el barrio en el que estuvo tu padre y donde, diez años después, empezaste a vivir con nosotros.

El Barrio Los Monos estaba ubicado en el margen izquierdo del río Caroní, afluente del Orinoco, por su ribera derecha. Era un terreno en pendiente y arenoso que llegaba hasta el río, limitado por dos accidentes geográficos señalados: una gran laguna y un cerrito de piedra granítica.

La laguna, separada del río, únicamente se llenaba durante los inviernos con las crecientes periódicas de agua. Durante el resto del año sólo recibía varias cloacas de la ciudad lo que caracterizaba sus aguas negras y los pésimos olores que despedía. Como era poco profunda, en dos terceras partes de ella crecía una vegetación medio baja que le daba una apariencia de verde pradera. Pero era solo la primera impresión. Vivir cerca suponía aguantar un fuerte olor nauseabundo sobre todo por las tardes o en los meses de verano y además la propagación de todo tipo de insectos: mosquitos, cucarachas, culebras y ratas de todas clases y tamaños. Sanear esa laguna significaba una inversión alejada de nuestras posibilidades. Así que nos acostumbramos a vivir en su compañía. El cerrito que se elevaba unos veinte metros sobre el resto del barrio, permitía la construcción de ranchitos en algunas depresiones y en la cima. Colindaba entre la laguna y el río Caroní.

La vista preciosa que se disfrutaba desde lo alto y la brisa que acariciaba a sus habitantes mitigaban la situación de penuria. Allí arriba vivía entre otros un viejecito que pasaba delante de mi rancho con frecuencia y a quien le ofrecía "un cafesito" para charlar un rato mientras descansaba. Su bastón, su sombrero y su largo bigote canoso y desaliñado eran característicos. Era de tez blanca, algo cheposo y muy buen conversador. Un día me confesó que no tenía cédula de identidad porque en su tiempo no había eso y le propuse elaborar una cartulina con su nombre, dirección y fecha de nacimiento. Este último dato se lo anoté aproximado teniendo en cuenta las historias que me contaba de los presidentes que había conocido en Venezuela o de las batallas en las que había participado. Su padre había conocido la esclavitud. Resultó que tenía, al menos, ciento cinco años. Era toda una institución. Esa cartulina que le di, la llevaba envuelta en unas bolsas de plástico junto con unas fotografías y otros papeles personales. Esa era su única identificación que portaba con orgullo.

Por otra parte el barrio colindaba con la Avenida de Castillito, una calle destartalada, con mucho tráfico y muchos coches aparcados. A ambos lados había edificios de una o dos plantas; tiendas y comercios más bien pobres que "fiaban" a los vecinos que pagaban religiosamente sus cuentas los fines de semana, si querían volver a entrar.

En nuestro barrio había varias "bodegas", tiendas que tenían de todo: desde comida hasta hilo para coser, refrescos o anzuelos para pescar.

El terreno que ocupaban las quinientas casitas del Barrio Los Monos era invadido. No urbanizado. Sin agua, sin cloacas, sin aceras. La amenaza de desalojo era constante. El gobierno local prefería no facilitar ninguna mejora para tener más fácil la medida de desalojo. Por eso la gente no construía las casas de ladrillo ni hacía mejoras pues temía perderlo todo cualquier día.

Precisamente el nombre que tenía el barrio, según contaba la Sra. Bangela, una de las fundadoras, tenía relación con la invasión paulatina de esas tierras. Era una vecina de los comienzos de la explotación de las minas de hierro a cielo abierto que se hallan a unos 100 Km. en el cuadrilátero de la Sierra de Imataca. Desde allí se construyó una vía férrea por la que bajaban cuatro o cinco trenes diarios con cien vagones cada uno, hasta descargar el mineral junto a los muelles en el río Orinoco. Barcos de hasta 60.000 toneladas lo cargaban y saliendo por el Orinoco lo exportaban a Estados Unidos, Japón y Europa.

En esa época se inició una fuerte inmigración interna desde el campo venezolano. Llegaban familias con chinchorros[6] y cuatro cobijas[7], ataban sus chinchorros entre los árboles y con maderas, cartones y latas hacían su casa provisional, colgados como monos bajo la espesa vegetación.

Era la década de los 50.

Poco a poco esos primeros habitantes fueron talando árboles y cortando la baja vegetación para abrir una "calle" que les comunicara con la Avenida Castillito. Así fueron surgiendo ranchos alineados y nuevas sendas y más ranchos hasta construir el "Barrio de Los Monos".

---
[6] Hamacas
[7] Mantas

Cuando llegamos a este barrio existían dos transversales paralelas que lo unían con la Avenida y otras calles y sendas con los nombres más diversos: El Cerrito, La Cerca, La Laguna, El Progreso, etc. Todas ellas eran de arena, con riachuelos de aguas negras, con surcos y baches formados por las tormentas en la época de lluvias, basuras y monte por los rincones, hasta el punto que ni taxis, ni otros vehículos de servicios penetraban por el barrio. Sólo los camiones acarreando cervezas, refrescos y bombonas de gas se atrevían en algunas épocas por algunas zonas.

Las casitas de los habitantes estaban construidas con láminas de zinc, tablas, cartón-piedra o plástico. Materiales baratos o de desecho que se buscaban y parcheaban para ensancharlas o repararlas. Casi todas disponían de un patio trasero o fondo donde cultivaban plantas, árboles o animales domésticos como perros, gatos o loros... Algunos alimentaban gallinas, patos o cerdos, para el consumo familiar. Generalmente crecían bien las plantas y árboles pues el subsuelo era rico en agua. Las plantas eran vistosas y originales, hojas grandes, coloreadas y exuberantes. Los árboles que más abundaban eran el mango y la lechosa[8]. El primero oriundo de la India, de tronco recto, hojas lanceadas, flores amarillas y arracimadas y fruto oval (que echaba de dos a tres cosechas al año) aromático y muy alimenticio. Era la vitamina de los niños pobres y la sombra fresca en las horas de calor. La lechosa, propia del trópico, con hojas palmeadas, de cuyo tronco hueco salen las frutas de carne amarillenta o rosada, es muy apetitosa y buena para los estómagos delicados.

Aparte de las viviendas y de las tres o cuatro bodegas, abundaban en el barrio casas de citas. Algunas eran de blo-

---

[8] Papaya

ques y tenían agua corriente. La música a todo volumen, el alcohol y la prostitución eran mal tolerados por el conjunto de los vecinos. Algunas, mejor instaladas, eran propiedad de extranjeros.

Lo primero que extrañaba al andar por las calles del barrio era el ver tantos niños y jóvenes con un pantaloncito corto, sucio y roto, o un vestidito ajado. Jugaban y corrían descalzos pisando inocentemente las aguas negras sin sospechar siquiera que era la causa de sus barrigas infladas y llenas de parásitos y lombrices.

En dos o tres puntos estratégicos, alejados entre sí, había grifos públicos con agua potable de los que enganchaban mangueras de agua los distintos vecinos que llenaban periódicamente sus pipotes[9]. Así sacaban agua para beber, cocinar y asearse.

Los tubos de media o una pulgada que unían las fuentes de agua serpenteaban por todas partes atravesando muy superficialmente las cunetas de las calles por donde corrían inclementes las aguas negras. Por eso todo el tendido de agua potable estaba contaminado. Era aterrador el saldo de vidas humanas que se cobraba. Cuatro niños al mes eran enterrados por familias y vecinos que llorando sin cesar dejaban esos restos infantiles en el cementerio. Unos padres afligidos y unas madres desmayadas de tanto gemir repetían resignadamente que su Dios se lo había llevado al cielo. ¡Pobres niños que habían bebido esas aguas y chapoteado en esas cloacas!

Yo no me cansaba de explicarles en medio de su dolor la causa de esas muertes. Que no era Dios quien se los llevaba…

Otra característica punzante del barrio era el desempleo de los padres de familia. Casi la mitad de ellos salían por las

---
[9] Barriles de petróleo

mañanas a la Avenida Castillito esperando que algún camión parase enfrente de la pescadería solicitando mano de obra barata para ese día.

Otros muchos se quedaban en su rancho, con la radio a todo volumen y el torso desnudo, en espera de la llamada de algún amigo para engancharse en alguna contrata prometida.

Los menos hacían algo en su casa: limpiaban el fondo, plantaban alguna platanera o cambur, arreglaban el techo de zinc, sembraban ají picante, sustituían alguna tabla podrida del rancho,...

Alguno que otro, cuando llevaba mucho tiempo sin trabajo, se iba a las minas de diamante, a probar suerte. Cogía su equipo de surrucas[10], sus palas, unas latas de sardinas y su chinchorro y se marchaba a las selvas cercanas al río Caroní, unos cien kilómetros al sur, donde sabía de alguna bulla[11]. Andrés Silva me enseñó una vez unos 10 ó 15 diamantes pequeños encontrados en las arenas del Caroní.

Si algo me pareció típico del barrio era la desunión entre la gente. Muchos decían: *"Yo no me hablo con fulano o fulana.""A su casa no voy.""Yo iría a la reunión pero en otra casa.""A esa gente yo no la visito"*... Eran frecuentes las críticas mutuas, los chismorreos, las acusaciones por causas mínimas...

La desunión me pareció el principal enemigo del progreso de este barrio. Por eso me propuse tajantemente no propagar las cosas que me contaban ni los rumores confidenciales ni públicos. Lo que se decían entre la gente me lo reservaba para mí, lo cual hizo que fueran confiando en mí y tomándome en muchos casos como su árbitro en las discusiones o diferencias entre ellos.

---

[10] Cedazos para mover la tierra
[11] Yacimiento de diamantes recién aparecido

En alguna ocasión tuve que separar peleas violentas entre dos hombres armados con machetes y medio inconscientes por causa del alcohol.

Los jóvenes solían reunirse a la sombra de un mango a jugar a las cartas, al ajiley. No tenían estudios, preparación, oficio, ni oportunidad de trabajar. Pocos, muy pocos, tenían trabajo fijo. Eso me empujó a buscar el apoyo de amigos ingenieros y técnicos para que las empresas más importantes de la zona, ALCASA y SIDOR, concedieran becas de estudios a algunos, permitiéndoles así, adquirir una profesión. Les pagaban algo durante el año de preparación y luego pasaban como obreros especializados a las empresas.

Para comenzar me sentaba con ellos, me invitaban a jugar al ajiley, a tomar una "*serbesita*[12]". Me negaba amablemente, charlaba con ellos y después de algún tiempo decidimos limpiar un terreno accidentado y lleno de monte que había enfrente de mi casa. Ese fue el primer paso para ganarme a los jóvenes y para la fundación de un Club Juvenil que llegó a funcionar bastante bien.

La situación religiosa del barrio era la típica de esa región y diría que de Venezuela.

La religiosidad de la gente era curiosa. En el rancho de todos existía un rincón dedicado a alguna imagen, cuadro de una virgen o de un santo. Un florero o una vela no faltaban.

Cuando arreglamos la capillita del barrio acudían unas diez personas a misa, casi todas ancianas. El resto "pasaba", sobre todo los jóvenes.

---

[12] Cervecita

Era notorio que solicitaran al cura solo para bautizar a los niños en cuanto nacían, o para un responso por los muertos y para bendecirles el agua.

Al negarme a cobrar por estos servicios religiosos, se extrañaban mucho. Una vez una viejecita me pidió que dijera una misa por su marido difunto; al terminar me dio un billete de diez bolívares que no acepté diciéndole que utilizara ese dinero para sus nietos o para otros niños que lo necesitaran. Pero ella insistió tanto que los tuve que tomar porque sino, según sus palabras: "no había valido la misa"... Entonces se lo di delante de ella a unos niños para que fueran a la bodega a comprar comida para su casa. Así nos quedamos tranquilos ambos. Poco a poco el barrio fue aceptando que yo no cobrara nada por las misas, bautizos, rezos por los muertos, etc.... y por eso, más adelante, me llamaban de otros barrios para esos oficios religiosos. Y decían que mis bautizos sí servían.

Todo este cuadro descrito nos hizo reflexionar sobre nuestra actuación.

Una vez que arreglamos la capillita y una sala de reuniones, en esa casa de bloques donde aterrizamos en el Barrio Los Monos, decidimos, Alfredo y yo, mudarnos a un rancho de verdad, como uno de tantos vecinos.

Por esos días vendían uno cerca del río, más abajo y más adentro del barrio. Era una barraca de tablas y zinc, suelo de cemento y con un patio de tierra al lado. No tenía ni agua, ni luz, ni cloacas, ni baño. Pero enfrente, en la plaza, había una fuente de agua potable pública. Lo compramos con una parte del sueldo que cobraba Alfredo por su trabajo de obrero en una fábrica.

Allí nos trasladamos los dos.

Pasados unos diez años, una noche que diluviaba, soñaba que subía al Ávila[13] lloviendo, me entraba agua por el cogote y me salía por los talones. No encontraba donde cobijarme. Me desperté de la pesadilla y me enfrenté a la realidad. Estaba cayendo una tromba de agua sobre mi rancho y varias goteras mojaban mi cuerpo y las sábanas. Salté de la cama y me di cuenta que toda la casa estaba anegada. Que los potes que colgaba con alambres del techo para evitar que cayera el agua al suelo, estaban sobrándose y que mi colchón estaba empapado.

Así no podía seguir. Al día siguiente le pedí a la Sra. María, esposa de Críspulo, mi vecina, que me dejara una pieza en su rancho.

Pocas semanas después, los vecinos me tumbaron el rancho y edificaron mi casa de bloques[14]. El Padre Alfredo ya se había ido a Caracas a terminar sus estudios

Las familias sistemáticamente, por pobres que fueran, nos invitaban a tomar un "cafesito" y comenzaba la charla. El calor dentro de los ranchos era húmedo y asfixiante. Aparecían enseguida varios niños pequeños casi siempre hijos de distinto padre. En muchas casas no había un hogar estable. Los hijos mayores, si tenían trabajo, o los niños desde los 8 años, eran los que traían dinero a casa. Estos con una caja de madera salían temprano a limpiar zapatos o con una fuente de "pastelitos" recorrían la parte alta de la ciudad hasta que venían con algunas monedas para poder comprar algo en la bodega y preparar la comida única que hacían en el día.

Así fuimos conociendo a muchas familias y sus problemas.

---

[13] Montaña de Caracas de unos 2.500 m de altitud.
[14] Casa de ladrillos

El cuadro socioeconómico era escalofriante y había que actuar.

Como denominador común encontramos graves problemas de salud, sobretodo en los niños, la mayoría con el vientre inflado de parásitos originados por las aguas negras que corrían libremente por las calles. El segundo problema era el desempleo. El tercer problema era la desunión entre los vecinos. El cuarto, la falta de servicios mínimos, comenzando por la vivienda, siguiendo por la falta de agua, baños higiénicos, luz, escuela, etc. El quinto, el analfabetismo imperante tanto en niños como en adultos. El sexto, casi como consecuencia de los anteriores, era la proliferación de los juegos de azar. El ajiley (juego de cartas), los animalitos (lotería prohibida pero a la que jugaban casi todas las mujeres del barrio: unas vendiendo y otras comprando).

Nuestra actuación se inició organizando una farmacia. Buscábamos medicinas sobrantes a los médicos amigos, las organizábamos por enfermedades con ayuda de un diccionario farmacéutico, las ordenábamos en estanterías rústicas que preparamos en un cuartito de la casa. La gente venía con las recetas de la seguridad social y si teníamos la medicina indicada se la dábamos a cambio de un real que servía para comprar alcohol, agua oxigenada, algodón, mercromina, gasas, vendas, etc. Con lo cual, todos los heridos que acudían a casa eran curados previo el lavado y la limpieza de las heridas. Llegamos a tener miles de frascos y pastillas para casi todas las enfermedades más corrientes.

Al mismo tiempo animamos a la gente a comprar, entre varios, tubos de acero galvanizado para transportar el agua corriente a sus ranchos desde las fuentes públicas salvando los ríos de aguas negras. Poco a poco se unían varias familias para comprar los materiales y trabajar juntos y dar servicio de agua corriente a sus casas. La cooperativa compró dos tarrajas[15] para hacer las roscas a los tubos. Alguien construyó una mesa de trabajo que rotaba de casa en casa al servicio del agua corriente para todas las viviendas.

Más tarde nos hicimos amigos de varios médicos que comprendían nuestro trabajo. Se hicieron colaboradores ordinarios, no sólo para dar medicinas sino también para atender a pacientes del barrio, en su consultorio particular, sin cobrarles nada. Un pediatra famoso de la ciudad, D. Félix Fernández Plesman, con un corazón de oro, nos atendió regularmente a unos cuatro o cinco niños cada día durante unos diez años. Más de una vez corrimos con algún niño que se moría, a su propia casa y nos lo atendió y salvó. Incluso les daba las medicinas. ¿Cuántos niños viven hoy gracias a su compromiso concreto con los pobres?

Todo esto nos llevó mucho tiempo a nosotros hasta que una vecina, Nieves, se entusiasmó con nuestro servicio y se encargó posteriormente de él. Era la "farmacéutica" del barrio.

Otro proyecto que emprendimos fue la organización de pequeños talleres cooperativos de costura, de peluquería, carpintería, herrería, mecánica de coches, bloquería, electricidad, etc. Sobretodo impulsamos la construcción de sus viviendas de bloques. Les animábamos a comprar los materiales cuando cobraban su sueldo y después con la ayuda de varios vecinos iniciaban la obra. Una base de cemento y, a levantar las paredes manteniendo aún los cartones, latas o tablas. Cuando tenían las paredes exteriores levantadas, unos palos de madera o unos tubos de hierro encima, cambiaban

---

[15] Máquina manual para sacar rosca a tubos de hierro

el techo viejo para, al fin, tumbar el rancho primitivo, construir los tabiques interiores y echar los pisos de cemento. Al marcharnos del barrio en 1.984, casi todas las casas eran de bloque y los pisos de cemento.

En mis ratos libres me unía a algún grupo; así aprendí a ser albañil. Por eso, cuando me tocó hacer mi casa de bloques, me ayudaron unos 10 ó 12 hombres que no quisieron cobrar nada. Sólo pude convencer al albañil jefe, de que cobrara algo. Braulio fue el arquitecto, albañil y constructor de mi casa. ¡Gracias Braulio!

Otra obra que iniciamos fue una pequeña escuela gratuita en los alrededores del Centro Comunal y luego en un salón construido por los padres de los niños. Dos muchachas del barrio, Sonia y Nieves (la farmacéutica), nos ayudaban y se hicieron cargo ellas solas de la escuela.

Pero la actuación cumbre fue la de formar una cooperativa en el barrio. Costó mucho unir voluntades, ilusiones, iniciativas,...

¡Cuántas horas de reuniones! Primero con familias, luego con grupos pequeños por calles, después por sectores, y al fin, transcurrido un año y medio, la Asamblea Constitutiva creó y dio nombre a la Cooperativa de Servicios Comunales ANDRÉS ELOY BLANCO, ilustre poeta venezolano.

Más de 130 hombres y mujeres asistieron a la convocatoria. El Sr. Yepes dijo: "quien esté de acuerdo con unirse para fundar nuestra cooperativa, que se monte en el escenario..." y empezamos a subirnos, primero de dos en dos, luego de cuatro en cuatro, hasta que se oyeron crujir las tablas. Desde entonces comenzamos a unirnos para resolver juntos nuestros problemas: el agua, el muro de contención, la escuelita, el ahorro, la comida… Nos apuntamos 70 socios al principio. Los sábados por la mañana el comité asignado se sentaba debajo de un mango, y recibía los ahorros de cada familia reflejando en los libros y en su libreta particular los ahorros de cada uno. Además, se atendía a los que necesitaban de un crédito para resolver problemas de construcción de la vivienda, de salud, de estudios, etc.

También aprendimos que no podíamos quedarnos en ahorrar y prestar. Teníamos que atacar el problema de fondo: un sistema socio-económico en el cual los pobres siempre estamos explotados, engañados y marginados. No podíamos ahorrar mucho porque lo poco que ganábamos se quedaba entre las uñas del "turco" y los "fiaos" de la bodega.

Y como se agudizaba el desempleo, y la carestía de los artículos de primera necesidad, comenzamos a pensar en hacernos dueños de nuestro propio destino: teníamos que abrir nuestras propias fuentes de trabajo y conseguir productos alimenticios a mitad de precio.

Así, pues, se nos ocurrió lanzarnos al río. Una lancha abandonada, hundida y destrozada fue rescatada por la cooperativa para comprar directamente a los indios Guaraos, del Delta del Orinoco, a un precio justo y evitar, con el sistema cooperativista, a los intermediarios que se enriquecen del hambre y sudor de los productores y consumidores.

A principios de noviembre de 1.971, después de 8 meses de trabajo voluntario, Carlos Montañés, Edecio Alfonso y Nieves Rivas, presidente, vicepresidente y tesorera de nuestra cooperativa tenían organizada una fiesta en el río Caroní. Una lancha blanquita, de unos doce metros de eslora, a la que pusimos el nombre de "La Unión", adornada como una novia, nos abrazaba entre sus tablas y nos arrullaba sobre las negras aguas del Caroní, al son de la música criolla. Estrenábamos nuestro primer esfuerzo conjunto de cierta envergadura.

El maquinista y mecánico, Cheveco, a la orden del Capitán Edecio Alfonso, bajaba y subía periódicamente por los caños del Delta del Orinoco con el ocumo chino, y los pescados salados como el rallado y el morocoto. Como asesor el P. Alfredo Sardi. Los indios del Delta del Orinoco eran los mejores amigos de la lancha. Recibían los productos alimenticios necesarios a precio de costo y les comprábamos sus productos a un precio justo. Ya se estaban integrando con nosotros. Moncho, "el Catire" es ya marinero. Otros están esperando. Y todo Juncalito[16] quiere organizar su cooperativa de pescadores para vendernos todo el pescado y vivir como nosotros: UNIDOS.

Yo redacté un folleto sobre cooperativas para ellos. Lo titulé "NOMENAKAE" que significa en Guarao "LIBERACIÓN". El lenguaje era sencillo. Se lo leía a Moncho para comprobar que lo comprenderían todos ellos.

Después arreglamos una camioneta vieja regalada, con la que Omar Salazar distribuía el ocumo chino y el pescado salado que traíamos del Delta junto con los productos de la cooperativa "La Lucha" de nuestros hermanos de Boquerón, asentamiento campesino tierra adentro.

Nuestra idea era que todos los núcleos habitados por los indios "Guaraos", a lo largo de los caños e islas y los campesinos de Boquerón, unieran primero sus productos y luego sus personas y familias, conformándose así un pueblo unido y fuerte que no se explotara, sino que se sirviera y se ayudara mutuamente. Nos faltaba un poco más de organización y tiempo para ser un poder popular.

---
[16] Localidad ubicada en el Delta del Orinoco

Por eso, además del miedo que me produce el agua, yo me quedé en tierra y Alfredo se dedicó a los indios. Me propuse organizar este movimiento promoviendo personas consagradas a esta tarea. Daba cursos de cooperativas, iniciaba en los barrios que me llamaban, otras cooperativas y charlaba con gente joven, concienciándolos para que se dedicaran a esta tarea ingente: un nuevo orden social.

Todo este activismo requería revisión de objetivos en reuniones, catequesis y misas.

En cierta asamblea les decía:

"cuando alguien nos dice:"El hombre pobre tiene que morir pobre, qué le vamos a hacer", respondámosle que eso será mientras lo queramos así. Porque si 70 unidos, trabajando y ahorrando juntos, hemos ahorrado en un año más de 100.000 Bs. Que compramos sin ganar a costa de otro y vendemos sin explotar a nadie y pensamos organizar una bloquera para construir un barrio con casas dignas y nos proponemos tener una flota de barcos y un muelle propio y un colegio nuevo y un supermercado cooperativo y un centro de aprendizaje y producción, y todo lo que queramos hacer… les demostraremos a nuestros hermanos de clase, pesimistas y de desconfiado corazón, que podemos organizar entre todos nosotros una sociedad justa, alegre y humana. Y que esa sociedad existe ya en nuestro pensamiento; es una realidad en pequeño y grande en nuestra ambición. REALICÉMOSLA con esfuerzo, trabajo y unión. ¿Nos falta fe? Miremos a nuestro alrededor. ¿Hace un año, doce meses, qué teníamos de todo esto?

LA COOPERATIVA DE SERVICIOS COMUNALES ANDRÉS ELOY BLANCO ES UN BUEN INSTRUMENTO. Los directivos que tenemos son garantía. Los socios que más han trabajado, ahorrado y participado son nuestro ejemplo a seguir.

¿Qué podremos presentar el año que viene realizado por nuestra Unión?"

El Barrio Los Monos iba mejorando en todos los sentidos y cada vez más en toda la ciudad se nos tenía como un ejemplo a seguir. Por eso con frecuencia nos llamaban de otros barrios y zonas deprimidas para que les ayudáramos.

La llamada era a la Cooperativa Andrés Eloy Blanco o a la Junta de Vecinos del Barrio Los Monos.

Casi todos los barrios tenían problemas semejantes a los nuestros.

Ayudamos a formar varias cooperativas en algunos sectores de San Félix, ciudad unida a Puerto Ordaz a través de un puente que cruzaba el Caroní.

Un día nos visitó una extraordinaria líder comunal llamada Juana Valdés apodada como "La Gorda". Venía acompañada por Juancito y por Albertico. Una pareja inseparable de la líder del Barrio S. José en la zona de El Roble de San Félix.

Querían una reunión con la Junta de Vecinos del Barrio Los Monos pero ya nos plantearon su objetivo.

Enfrente de su Barrio San José existía un gran terreno desocupado cercado con una tela de alambre. Su "propietario" era un Capitán de barco que imponía su autoridad y propiedad con ese título de "CAPITÁN". Era español. Y pocos lo conocían personalmente. Sólo Juana Valdés se había atrevido a entrevistarse con él y le había solicitado parte de su terreno para construir una capilla y hacer unas cuantas viviendas que las necesitaban en su barrio. La contestación fue contundente: "NO."

La gente del barrio comenzó a reunirse y a barajar alternativas. La idea que surgió un día fue pedir asesoramiento a la Junta de Vecinos del Barrio Los Monos.

Ahí comenzó todo… para nosotros, claro…

Después de mantener varias reuniones en el barrio San José, decidimos la estrategia:

Primero, elaborar una lista de las familias más necesitadas de vivienda. Se inscribieron más de 65. Después, priorizarlas por orden de urgencia. Más tarde, realizar reuniones con ellas para estudiar el "cómo" invadir el terreno y por último el "cuándo".

Alguien se encargó de hacer un posible plano del terreno a invadir. Medirlo por fuera y calcular el ancho de las calles; y por último calcular aproximadamente el número de parcelas de 10 metros de frente por 20 de fondo que cabrían en ese terreno.

El terreno estaba lleno de maleza muy alta y el suelo muy húmedo. Lo primero que deberíamos hacer entre todos era quitar y guardar con cuidado la tela metálica, y limpiar el terreno con machetes, picos y palas. Después vendría la medición y el reparto de parcelas.

Pero antes de invadir el terreno íbamos a avisar a la Policía Local y a la Guardia Nacional para que supieran nuestras intenciones: sabíamos que el Capitán español había robado ese terreno cercándolo y que el barrio lo necesitaba. No nos dijeron nada.

El día señalado estábamos todos convocados a las 6 de la mañana en el Barrio San José. Cada uno con su herramienta.

Alguien entonó el himno nacional: "Gloria al bravo pueblo, que el yugo lanzó..." y todos marchamos cantando al unísono. Unas trescientas personas, hombres, mujeres y niños despertamos al resto de los vecinos. Era emocionante.

Procedimos a retirar la cerca, a la limpieza de hierbas y a quemar la basura del terreno. Otros con el plano pegado en una tabla comenzaron a medir las tierras y a colocar estacas de madera ubicando y numerando cada parcela. Por último se realizó el sorteo y la adjudicación de las parcelas, priorizando a los más necesitados.

Al atardecer muchos estaban construyendo con tablas y palos, cartones y plásticos unos ranchos provisionales cubiertos con láminas de zinc.

Fue un éxito. Nadie trabajaba solo, tenía la colaboración de los demás en los momentos en que lo necesitaba. Las tres calles rectas y anchas eran respetadas por todos los invasores poniendo atención al plano trazado previamente. Juana "La Gorda", Juancito y Albertico, más que limpiar, organizaron todo y dirimieron cualquier discusión que apareció.

Esa noche le pusimos nombre al barrio: "LA LUCHA"

Para acabar en Los Monos de alguna forma con el desempleo iniciamos la compra de dos máquinas para hacer bloques de cemento. Una de 10 cm de ancho y la otra de 15. Los primeros bloques que fabricamos se destinaron a construir un local propio para nuestra cooperativa. Serviría para reuniones de la directiva y otros comités y como local de venta de los productos que subía la barca del Delta del Orinoco.

Otro taller que comencé yo personalmente fue el de mimbre. Reparaba las sillas de hierro, las pintaba y las tejía con un mimbre plástico que compraba en Caracas. Muchos meses comimos trabajando el mimbre Alfredo y yo...

El taller de carpintería construía mesas, alacenas, bancos, puertas, ventanas, etc. Otros talleres que funcionaron fue el de peluquería, el de costura, el de pintura, etc.

Los que deseaban trabajar organizaban algún taller y nombraban un coordinador y un tesorero. Algunos renovaban los cargos cada mes, otros cada trimestre. El coordinador estaba más pendiente del mundo interior del grupo de trabajadores, contaba las horas de trabajo de cada uno y pagaba semanalmente. El tesorero recibía los encargos, fijaba los precios, compraba los materiales y buscaba trabajos que hacer.

Paralelos a estos talleres funcionaba la farmacia y la escuela de niños y de adultos. De ella salía —a veces— la necesidad de algún bautizo, de primeras comuniones y de eucaristías comunitarias; todo este culto emanaba como algo natural de abajo hacia arriba. Sin imposiciones de mi parte.

Sucesivamente nos llamaron de otros barrios o sectores: de la U.D.[17] 145 y la 146. Del Barrio Bella Vista llegó el líder famoso, Leonidas Salamanca, con quien organizaríamos —entre otros muchos luchadores— el famoso PAC (Pueblo Al Concejo) del que hablaremos más tarde.

No olvidemos que nuestro barrio era mal visto por los poderosos y que estaba ubicado en terrenos invadidos muy apetecidos. Conservo en mi poder esta convocatoria que transcribo textualmente, como muestra de los continuos intentos de desterrarnos de ese lugar y de abortar todas estas iniciativas que he descrito.

---

[17] Unidad de Desarrollo urbano

¿¿¿QUÉ SABE USTED DE LA AMENAZA DE DESALOJO???

¡¡ ENTÉRESE MAÑANA!!

Mañana miércoles, a las 5:00 de la mañana, Radio Canáima estará transmitiendo un Programa Especial de 1 hora de duración, sobre este problema que nos afecta a todos los habitantes de Castillito.

El programa será transmitido en vivo, desde el Centro Comunal del Barrio Los Monos y en él participarán los directivos de la Asociación de Vecinos y todos los vecinos que se acerquen a dar su opinión.

Te invitamos para que des tu opinión y si no puedes venir por algún motivo, enciende tu radio para que escuches el programa. Acuérdate, es a las 5:00 de la mañana, enfrente del local de la Cooperativa (debajo de las matas de mango)

<u>La Asociación de Vecinos</u>

Todos los intentos por desalojarnos de esos terrenos puedo asegurar que han sido infructuosos y que hasta la fecha de hoy en que estoy escribiendo, sigue la gente unida en ese mismo lugar.

El Barrio Los Monos, siguió creciendo y mejorando en los años posteriores gracias a la unión.

Irune: Cuando naciste y llegaste a este barrio ya era otro nuevo para nosotros.

Pero todo te lo iré contando en las próximas cartas.

SEXTA CARTA: EL CAMPESINO VENEZOLANO

Queridísima hija Irune:

Voy a contarte algo de lo mucho que viví y luché por y con el campesino venezolano, mientras permanecí en el Barrio Los Monos.

Según el análisis realizado por el sociólogo Eleazar Guillén para la División de Desarrollo Humano de la Corporación Venezolana de Guayana (C.V.G.), estudio denominado: "Sistema experimental pre-primario de educación integral MARIA MOÑITOS", el movimiento migratorio de los jefes de familia hacia Ciudad Guayana, era de un 63%. O sea, casi 70 familias de cada 100 procedían de estados o regiones campesinas (Sucre, Monagas, Anzoátegui, Nueva Esparta, Delta Amacuro, etc.)

Pasados los primeros meses o años, muchos conocidos o amigos de los barrios de Puerto Ordaz o San Félix, se quedaron sin trabajo y al apretarles el hambre del desempleo, se volvían a sus antiguos terruños o invadían terrenos más cercanos pegados a la carretera del Pao o Upata. Otros, con más sentido aventurero o con un grado más de desesperación, desencantados del brillo de la ciudad, se lanzaban selva adentro, lejos de la carretera, buscando unas tierras vírgenes mejores para mantener a sus familias. Talaban el bosque y sembraban maíz, yuca, mapuey, ocumo, plátanos y cambures, etc. Pasado el tiempo se fueron metiendo hacia el interior donde la selva se confundía con el horizonte y el verde con el monte más intrincado.

Conservo todavía algunas historias dictadas por algunos luchadores del Asentamiento Campesino llamado BOQUERÓN. Dicen así:

"Mi nombre es Golindano. Fui el primero que llegó a Boquerón. Bueno, ya tengo cuatro años (1.968 a 1.972), que llegué hasta aquí cazando. No se veía ningún dueño de esto. Lo que había eran *váquiros, venaos, lapas, curies, cascabeles, el león y otros...* yo no encontraba por aquí quien me diera un cuarto de hectárea para un pedazo de *conuco*[18] y un rancho para mi y mi familia. Esto era muy lejos y no se veía ningún dueño. Ahora, después de 4 años trabajando esto, aparecen cantidad de amos"

"Yo me llamo Virgilio, Virgilio Ruiz. Soy nacido en Sucre, en San José. Como no llovía, vivía del carbón, de la leña... y como no podía mantener a mi familia me vine pa'Caripito. Allí por las inundaciones de agua, tampoco se daban las cosechas y me trasladé a San Félix. Trabajé dos años en compañías: *Anca, Roraima, Vulcano, Manoas...* en todas ellas me tenían de burro trabajando. En tres meses no veía a mis hijos caminando. Cuando salía los dejaba dormidos y cuando llegaba los encontraba dormidos. Así que caí enfermo, hospitalizado, metido en oxígeno y en los 46 días no vi

---

[18] Parcela de tierra para cultivo

al *caporal*, mucho menos al jefe de la empresa. Esto fue suficiente para aborrecer a las compañías, dije que jamás volvería a poner un pie en el portón de una de ellas…

Golindano me manifestó que aquí, en este sitio, había unas tierras muy buenas. Enseguida me vine para aquí. Para el mes de agosto me puse a hacer un conuco de una hectárea. Hice mi rancho y Golindano me acompañó hasta lo último."

Luego llegó el compadre Lorenzo:

"Yo también nací en el estado Sucre. De allí pasé al Estado Monagas y de allí a San Félix. Trabajé en algunas compañías y por reducción de personal me vine para Boquerón porque las empresas nunca pagan lo suficiente para mantener al obrero y su familia. Yo conocí al compadre Virgilio con una pala y un pico y él fue quien me indicó estas tierras.

Más tarde llegaron Pascual, Juan y otros. Fundamos este asentamiento de Boquerón. Montañas, selvas, quebradas y tomamos la decisión de defender estas tierras vírgenes sin dueño. Nos calamos más de 40 jornales echando machete y hacha para abrir 7 Km. de picas[19]. Hicimos senderos que no tenía Boquerón. Trabajamos juntos, todos unidos, deforestando montañas y haciendo caminos."

Virgilio recuerda que más de una vez trajeron aquí, cinco latas de sardinas. Cinco para cuatro hombres en una semana.

---
[19] Senderos estrechos en medio de la selva.

"Cuando destapamos la última lata, como quedó con mantequita dentro y todavía nos daba dolor botar la lata, la metimos al zancocho pa'sacarle bien el gustico."

Trabajábamos una semana dentro y otra semana nos íbamos pa'fuera, a trabajar en la calle, para poder traer aquí la ayudita de la comida en la otra semana. Comimos mono, culebra... todo menos sapo. A veces traíamos de allá afuera la sola yuquita comprada. Un saco cargado durante las cuatro horas de camino... hasta conseguir la primera cosecha.

Una vez que vinimos Golindano y yo solos a trabajar, como caí enfermo, me juró que si moría aquí, dejaba hasta el machete, pero me cargaría en sus hombros para que no me comiera el tigre. Y por esa pica, sacarme a una vía pública para buscar gente.

El médico está como a 50 Km. de aquí. El dispensario más cercano no tiene más que cuatro paredes y el techo. Cuando se me presentó la gran disentería y estuve 11 días que cagaba sangre, mandé pedir alguna pastilla y me mandaron a decir francamente que no había ni un pedacito de algodón. Ya me estaba muriendo y las matas mías fueron la concha de jobo, la mata de pajote, de citronera. Otro me dijo de la mata de guayaba reijana, que otros la llaman guayaba sabonera. Otra planta que es buena es el guayugito negro. Todas esas matas las cociné yo, que si no, me muero. Es que el agua que bebíamos todos era de los pozos que cavábamos cerca del rancho y estaban contaminadas. Más tarde tuvimos que traernos a nuestras mujeres para poder vivir a gusto aquí. Un día que salí, encontré a mi viejita temblando y me dijo: "El frío me está matando." Entonces le dije: "¡Vámonos!".

Las mujeres no se opusieron; temían por la distancia que es, por el anuncio de que por aquí está el tigre, que por allí berrió... pero no tuvieron miedo de estar en el monte junto a sus hombres...

En diciembre de 1.969 comimos cachapas[20] con la primera cosecha de maíz que se daba en Boquerón. Una sola hectárea nos dio más de 33 fanegas[21] de maíz. Tres veces más que el promedio venezolano que es de 1.119 Kg. por hectárea. Sacamos la cosecha en burro hasta la carretera negra. 7 Km. de picas.

Pero al fin, después de dos años caminando, con el sol en las espaldas y a veces descalzos habíamos llegado a una tierra generosa y buena, regada con nuestro sudor que producía cosechas de maíz, yuca, ñame, plátanos, etc. Así construíamos nuestra esperanza.

Después de que ya nosotros teníamos tiempo aquí le han salido un montón de amos. No podíamos sospechar que podíamos tener esos problemas porque Boquerón era pura montaña, serranías, baldías y solitarias.

Pero la noticia de la existencia de madera cara, como el pardillo y el cartán, sobretodo, abrió el apetito del dinero fácil, con la explotación de la madera, a cuatro dueños diferentes que aparecieron uno tras otro en pocos meses. Nuestra paz y alegría se quebró.

Todos ellos nos han mandado a la Guardia Nacional para impedirnos los trabajos de agricultura.

El 10 de octubre de 1.970 se formó el comité de tierras con 31 campesinos haciendo la solicitud al IAN

---

[20] Tortas de maíz aplastadas y asadas sobre una plancha de hierro.
[21] 3.350 kg.

(Instituto Agrario Nacional) para autorizar y legalizar la ocupación de 100 hectáreas de las tierras que estábamos trabajando. Incluso el Ministerio de Agricultura nos hizo un poco después una carretera de penetración, estrecha y de tierra que llegaba hasta nuestros conucos.

Entre 1.971 y 1.972 aparecieron nuevos amos de esas tierras descubiertas, trabajadas y sudadas por nosotros. No nos desanimábamos ante tantas paralizaciones de los trabajos, la salida en comisiones a oficinas y ministerios, las cartas e informes enviados a todas partes... Llegamos a escribir al Presidente de la República y al Congreso, al Controlador General de la Nación. Todo parecía inútil.

Llegaron a cercarnos con alambre de espino. Casi todos quedamos rodeados y sin paso. Ahora tenemos que pasar por debajo del alambre para ir a nuestras parcelas. Llegado este punto nos salió el grito más firme y angustioso de: "O 14 conucos o 14 cruces" "Un grito que nadie oye pero que no se rinde".

Y comenzamos a buscar ayuda en otras comunidades campesinas y gentes de San Félix y Puerto Ordaz. Fuimos a los periódicos y a la radio. En seguida se pusieron a la orden. Nos vinieron a visitar a Boquerón y se dieron cuenta de que nosotros no éramos una cuerda de "guerrilleros" sino de campesinos con familia y con conucos y una cerca de alambre que tenemos clavada en el alma.

En este punto vienen a visitarnos del Barrio Los Monos Jabilo y el Padre Pepe."

Jabilo (Javier Arrúe, estudiante para jesuita) y yo les visitamos para conocer su problemática. Les aconsejamos, les facilitamos hacer informes, cartas, estudios y les acompañamos a hacer visitas a organismos y autoridades para que entendieran su situación y les dieran una solución a su gravísimo problema. Como todo resultaba inútil nos vimos obligados a ir, el lunes 19 de febrero de 1.973, más de cien campesinos a las oficinas del IAN (Instituto Agrario Nacional) en Upata con la decisión de no abandonarlas hasta que no nos concedieran el amparo legal contemplado en la ley de Reforma Agraria para campesinos que posean y trabajen tierras baldías más de un año seguido.

Allí, en las oficinas y en el patio trasero, estábamos unas 100 personas que representábamos a más de 6 comunidades campesinas distintas; las más decididas son las de Sabaneta y las de Boquerón. Se fueron sumando y solidarizando día a día otros 25 asentamientos campesinos, estudiantes y organizaciones de los barrios de San Félix y Puerto Ordaz. Rechazamos todo partidismo político, la demagogia y el bochinche[22]. Buscábamos tierras y no regalos.

Las autoridades locales y regionales fueron reconociendo tanto la legalidad de nuestras peticiones como el orden y la limpieza en la sede del IAN. Nos daban la razón pero no recibíamos contestaciones oficiales.

El viernes, día 23 de Febrero, a las doce del mediodía nos declaramos en huelga de hambre diez campesinos y yo. La decisión la tomó la Asamblea. El sábado 24 se añadieron 10 campesinos más. Cuando llevábamos 50 horas en huelga de hambre recibimos la visita del Delegado del IAN. Todos, en

---

[20] Alboroto

Asamblea, escuchamos que el Gobernador del Estado Bolívar nos esperaba en el Palacio de la Gobernación de Ciudad Bolívar dispuesto a firmar nuestras exigencias. Después de discutirlo en Asamblea acordamos salir una comisión para la entrevista con el Gobernador. Salió elegido Simón Viamonte de Sabaneta y Virgilio Ruiz de Boquerón, nuestro abogado asesor Marco Aurelio Alegría y un servidor. Nos llevaron en coche, firmamos y nos devolvieron con el acuerdo conseguido.

Era tarde. A las 8:30 de la noche, al ser informada la Asamblea, dimos por terminada la huelga de hambre, la toma de las oficinas del IAN y brindamos con agua el éxito conseguido, con tanto sacrificio y lucha. Era el domingo 25 de febrero de 1.973.

Mi presencia en la huelga aportó y me aportó mucho. Un cura con los campesinos. Me dio cercanía con ellos. A ellos, confianza en el triunfo, razonamiento frío en los momentos difíciles. Encontré una simpatía creciente entre la gente a pesar de los comunicados anónimos contra "ese curita guerrillero". En la huelga de hambre, en las negociaciones, en las decisiones, traté de ser uno más, solidarizándome totalmente con ellos, poniéndome con los que reclamaban justicia, animando a todos, siendo un lazo de unión cuando aparecían discrepancias, sintetizando las posiciones de la mayoría, etc. Por otro lado, como muchos ya me conocían previamente, decían: "éste cura está con nosotros." Temían por mi seguridad personal por las noches. Notaba un proteccionismo por mi salud, etc. Me pidieron que fuera a las comunidades campesinas a tener una Misa de Acción de Gracias, a bautizar a sus hijos, etc. La actuación de Javier Arrúe fue también vital: presidiendo las Asambleas, redactando las Actas y los Documentos finales con claridad. Fue un gran acierto.

Yo, personalmente, aprendí más de lo que conseguimos. En la Semana Santa siguiente los campesinos de Boquerón me invitaron a que les ayudara a formar una Cooperativa Agrícola. Fui en autobús hasta el kilómetro 33. Me bajé con mi maletita para una semana y comencé a andar por el camino de tierra roja los 7 Km. que me separaban del asentamiento campesino. Era un Domingo de Ramos. El calor apretaba. Un palo me ayudó a cargar el maletín a la espalda. La espesura, los montes, las subidas y bajadas me costaron un poco. Al fin llegué sediento. El rancho de Virgilio hacía de Centro Comunal. Eran doce troncos clavados a la tierra, amarrados con bejucos y abierto todo menos un pedazo de unos 6 metros cuadrados para dormitorio de la familia. Las paredes y el techo eran de hoja de palma. En mi maletín llevaba mi chinchorro, una muda, lo del aseo, lápices y cuadernos

Me recibieron contentos, me dieron de beber en una totuma[23]. Los campesinos llegaban de realizar su trabajo en el monte. Sudorosos se iban sentando a la sombra apoyando sus húmedas espaldas contra los troncos clavados en el suelo. El zancocho[24] acompañado de las arepas[25] era apetitoso.

Conversamos animadamente. Cada uno contaba su actividad mañanera. Quedamos que por la mañana aprendería yo a talar y cortar el monte como uno más. Que por las tardes después de comer yo les enseñaría a leer, escribir su firma y aprender las operaciones fundamentales. Entre una y otra actividad les explicaría como funcionaban las Cooperativas Agrícolas, cómo se constituían. Lo más esencial. Uno por uno les decía: "¿Cómo quieres firmar: con tu nombre o con el apellido o con los dos?". Alguno sabía escribir algo, otros

---

[23] Calabaza seca.
[24] Hervido de verduras y algún bicho de monte.
[25] Tortas de maíz asado.

sabían sumar cifras fáciles y otros nada. Alguno leía balbuceando. La mayoría nada. Pero todos tenían un interés increíble. En su cuaderno les ponía su nombre y apellido. Ellos debían de hacerlo igual debajo, despacio sin salirse de la línea. Luego cogimos granos de maíz y caraotas. El maíz eran las unidades; las caraotas[26] las decenas. En el cuaderno les escribí las diez cifras y las repetían debajo hasta que las identificaban. Esas cifras las repetíamos poniendo en el suelo un grano de maíz o dos o tres... Para sumar colocábamos en el cuaderno dos granos separados y debajo el número dos. Colocaba los correspondientes granos de maíz en el suelo y debajo una ramita y les decía: "sumar es bajar los granos de maíz debajo de la ramita y a contarlos: en primer lugar hay tres y en el segundo lugar dos". Eso lo escribíamos en el cuaderno y así íbamos complicando las sumas y luego las restas... El séptimo día cuando partía de regreso a casa uno más joven vino corriendo hasta el camino que salía de los conucos, a preguntarme: "¿cómo se divide por dos cifras?".

Tenía las manos reventadas por las ampollas, pero sumamente satisfecho. Lo peor fueron las diarreas continuas que sufrí por culpa de las aguas que tomábamos. Por cierto, a raíz de ésta dolencia me comprometí a buscarles una solución. Tuve que ir otra vez a tomar muestras de los distintos pozos de agua que usaban. Todos estaban infectados y me conseguí un barril de hipoclorito con las instrucciones precisas para su uso. Se lo llevé y desde entonces se acabó la peste de las diarreas. Yo debo confesar que a partir de esa fecha he tenido cíclicamente dos o tres días de estreñimiento seguidos de otros tantos de descomposición.

---

[23] Judías negras.

No sé si habrá tenido la culpa de mi posterior cáncer linfático ubicado en el estómago que sufrí mucho después en el año 2.007. Gracias a Mari Carmen, a tí Irune, a los médicos, a 6 quimioterapias y a una operación de estómago puedo estar aquí contándote esto.

Terminando esta carta en la que te he estado narrando a grandes rasgos mi compromiso con el campesino venezolano, encuentro entre mis documentos (conservados hasta hoy) una carta original con las firmas autógrafas del Gobernador del Estado Bolívar, Manuel Garrido Mendoza, y del Delegado del Instituto Agrario Nacional para el Estado Bolívar, Manuel A. Silva Figueroa, en la cual prometían a los Presidentes de los Comités Administrativos de Sabaneta y Boquerón, resolver la situación conflictiva existente. Los 6 puntos del acuerdo firmado recogen las aspiraciones de los campesinos y que en el futuro "no permitirán ningún acto perturbatorio o de despojo" y a concederles los permisos de tala y quema… Para que puedan "iniciar desde ya la preparación de tierras para la siguiente cosecha." Y en esa carta oficial fechada el 25 de febrero de 1.973 con membrete de la República de Venezuela – Gobernación, están presentes también las firmas de nuestro abogado y amigo Marco Aurelio Alegría y la mía.

Pues bien, un mes después el 23 de marzo de 1.973, volvimos a dirigirnos al mismo Gobernador para denunciar la arbitraria detención de 5 campesinos por la Policía Técnica Judicial (P.T.J.) cuando estaban trabajando la tierra y fueron llevados a la cárcel sin explicarles la causa ni el destino, con la consiguiente angustia para sus familiares y compañeros. Después de 50 horas de detención, y una vez que la policía no les encontró indicio alguno de culpabilidad, les dejó en libertad. Supieron luego que la culpa de todo es la acusación infundada de los terratenientes para mantenerles atemorizados. Aún siguen manejando a la Guardia Nacional y a la Policía para sus fines "terracogientes".

En una columna aparecida en el periódico EL NACIONAL, el 20 de mayo de 1.973, que todavía conservo, una Comisión de la Cooperativa Agrícola de Boquerón denuncia que el IAN intenta ahora entregar las 200 hectáreas de terreno, trabajadas por los campesinos, a los terratenientes y que están dispuestos a defender sus 150 hectáreas de maíz y las 50 de hortalizas diversas.

No me extraña, pues, que la gente humilde no crea en ciertos gobernantes… "¿no te parece Irune?"

SÉPTIMA CARTA: LOS TRABAJADORES DE SIDOR Y ALCASA

Querida hija Irune:

Te escribo estas líneas para que comprendas la importancia de los trabajadores en el vertiginoso desarrollo de la ciudad que te vio nacer y del exiguo papel que pudo jugar tu padre en este concierto.

Sin extenderme en los principales recursos mineros que son el petróleo y el gas, conocidos en todo el mundo; en Guayana se encuentran ingentes cantidades de hierro, bauxita, y menos de carbón, oro, manganeso, diamante, etc. Y en otras zonas ubicadas al norte del país existen depósitos de carbón, cobre y níquel.

Pero la región cuenta además con un recurso eléctrico que encierra el río Caroní debido a su acentuado desnivel y al constante caudal de grandes masas de agua. Para 1.975, novecientos cincuenta y seis trabajadores producían 1.555.000 Kw y en la etapa final de la represa de Guri, en 1.983, la producción de energía en el río Caroní sobrepasó los nueve millones de Kw completando así la utilización del 67% del potencial hidroeléctrico del río Caroní.

Y por último hay que mencionar los 250 km de vía fluvial, hasta el Océano Atlántico, que tiene el río Orinoco, el tercer río más caudaloso del mundo.

Para estudiar, coordinar, planificar y promover el desarrollo integral de la región, el estado venezolano creó el Instituto Autónomo dependiente directamente de la Presidencia de la República que se denominó la Corporación Venezolana de Guayana (C.V.G)

El primer recurso minero que explotó Venezuela fue el hierro a través de dos empresas norteamericanas: La IRON MINES COMPANY OF VENEZUELA y la ORINOCO MINING COMPANY. La primera obtuvo en 1.933 el derecho de explotación del cerro El Pao en la margen derecha del río Caroní, y la segunda está sacando mineral de hierro desde 1.950 del cerro Bolívar perteneciente al cuadrilátero Imataca. El mineral que se explota a cielo abierto es de un tenor mayor de un 60% de pureza. Al actual ritmo de producción —unos trece millones de toneladas anuales— sus reservas se calculan para un período de 135 años. Tengo el dato de que en 1.975 —fecha en que se nacionaliza la industria extractiva del hierro— el número de obreros y empleados de SIDOR (Siderúrgica del Orinoco) era de 3.593 personas. En 2.001 la producción de hierro alcanzaba los 17 millones de toneladas.

El segundo recurso minero de Guayana es el aluminio. En 1.967 se inaugura ALCASA (Aluminio del Caroní, S.A.) que un año después estaba produciendo 22.500 TM de lingotes por año. Se instalan las laminadoras en caliente y en frío para producir papel de aluminio y en 1.970 opera la planta de carbón. Para efectuar el proceso de reducción de aluminio en las 140 celdas, se necesita primero la materia prima, la bauxita; segundo 438.000 MWH/año de energía eléctrica la que alimentaría una ciudad de 600.000 habitantes y tercero, carbón para producir los electrodos de grafito que necesitan las celdas.

Hasta 1.987, año en que se localizan depósitos de bauxita en el estado Bolívar, ésta se importaba del extranjero. Para el año 2.001 la producción nacional de bauxita alcanzó a más de cuatro millones y medio de toneladas métricas traídas en barcazas por el Orinoco –única vía de comunicación– desde la serranía de los Pijiguaos, región sur de la Gran Sabana.

En 1.972 la planta de ALCASA cubre una extensión de 70 hectáreas y laboran en ella unos 700 trabajadores. A fines de 1.977 inicia sus operaciones de producción de aluminio otra empresa, VENALUM (Venezolana de Aluminio) con tecnología japonesa que dos años más tarde estaría generando 280.000 toneladas por año en su cuarta etapa. Y a juicio de los entendidos producían un aluminio de alta calidad.

Pero la empresa matriz de la zona que más mano de obra generó fue SIDOR.

La explotación y exportación del hierro había estado en manos extranjeras 25 años. Cuando Carlos Andrés Pérez en 1.975 nacionaliza la industria extractiva del mineral entraría a jugar un papel fundamental la empresa SIDOR fundada en 1.969.

Poseyendo Venezuela más de 2.000 millones de toneladas de hierro con un tenor superior al 55% y otros 7.000 millones con un tenor inferior al 55%; teniendo abundante gas natural y energía hidroeléctrica, estaban dadas las condiciones para la construcción de una o varias plantas siderúrgicas. De esta manera aumentaba notablemente el valor agregado del mineral y Venezuela diversificaba su riqueza nacional. Al correr 1.975 firmó contratos para la instalación de una planta de pellas, la de acería de planchones, de palanquillas, de alambrón, de tubos sin costura para la industria petrolera, etc. O sea que para 1.977 la producción total de acero rondaba los 5 millones de toneladas. El personal que operaba en la planta ascendía a unas 10.000 personas y en Ciudad Guayana la población estimada era ya de 200.000 personas.

No solo crecían las industrias pesadas en la zona de Matanzas; también crecían las urbanizaciones, carreteras, autopistas, etc., pero sobretodo crecían los barrios marginales en la zona de San Félix.

Para sus habitantes no había ni recursos económicos, ni humanos, ni divinos. Que se las arreglen como puedan... Para qué vienen sin nada... Quién les manda llegar así sin nada: con una mujer, cinco hijos y mucha hambre recolectada en las zonas deprimidas de Sucre, Monagas, Anzoátegui, etc....

Construían sus barracas con techos de zinc y paredes de cartón, plástico y madera. Buscaban el agua de la fuente más cercana (que ya era un trabajo...) y los hombres deambulaban por las avenidas y portones de las empresas a buscar también un trabajito. Los niños, a lustrar zapatos, a vender "pastelitos", a limpiar parabrisas de los coches en los semáforos; a buscar con una carretilla las cabezas y las patas a una asadora de pollos que conocían. "Que llevas ahí, le pregunté a Alejandro de unos 8 años" – "Guay, mi madre ya va a tener algo pa'echar a los espaguetis y al arroz que almorzamos, única comida diaria."

El habitante que conseguía trabajo en alguna "contrata", era un afortunado que debía alargar esa suerte todo lo que podía. Pero si lograba entrar en SIDOR, ALCASA, VENA-LUM, etc... era un envidiado padre de familia que pronto destacaba en el barrio. Iban comprando bloques, arena, cemento, y poco a poco levantaba su casa y a lo mejor la mujer emprendedora montaba una bodega en su misma casa. Una tienda de todo. Allí encontrabas desde un anzuelo para pescar en el río, hasta un refresco o un cuaderno para el colegio. En cada zona del barrio florecía un negocito de estos. Eran los fiadores de los vecinos. "Apúntemelo que el sábado le pago"; si el sábado no pagaba lo que debía ya no le fiaba más.

Una vez me llamó un alto ejecutivo de SIDOR y me invitó a que le seleccionara 10 jóvenes para trabajar: buena gente, que no bebieran alcohol, de confianza para mí. Recibirían un curso becado en el INCE (Instituto Nacional de Capacitación Especial) y luego pasarían a la empresa. Como dieron buen resultado, el grupo se repitió. También se calcó la experiencia en ALCASA. Tuvimos éxito.

En esas grandes empresas, como la producción de los altos hornos no podía pararse, había tres turnos rotatorios para casi todos, menos los empleados de las oficinas. Por eso a las 7 de la mañana, a las 2 de la tarde y a las 10 de la noche, se veían decenas de autobuses de color verde recorriendo las calles y avenidas de toda Ciudad Guayana deteniéndose en las paradas de costumbre a recoger a los obreros, gente con sus monos azules y su paquetico con el almuerzo. Al llegar esos autobuses a los portones de SIDOR y ALCASA, las colas se hacían interminables esperando el turno y pasando cada uno con su placa, foto y nombre bajo la atenta mirada de los vigilantes. De allí recorrían tramos largos caminando hasta llegar a su departamento respectivo.

Pues bien en esos portones ante miles de obreros se celebraron breves pero grandes mítines sindicales y políticos en épocas electorales. En algunos intervine yo a petición de algún sindicato o partido político. No me disgustaba desenmascarar a los que yo creía falsos líderes con engañosos programas. Me enardecía la gente mirándome fijamente cuando les hablaba. Parecía que les gustaba que el Padre Pepe les orientara algo para su voto.

Pero el punto culminante de mis recuerdos con relación a SIDOR, fue en el Colegio Loyola. Una noche, cenando con el resto de los padres jesuitas en el comedor del colegio, —como era mi obligación una vez a la semana— el Padre Santiago Ollaquindia, Jefe de Estudios, gran orador en las homilías dominicales, de gran peso y autoridad tanto en el colegio como en SIDOR y en todas las instituciones públicas de la ciudad, comenzó a despotricar contra los obreros por estar "asfixiando a la empresa" con la cruel huelga que llevaban a cabo en esos días, pues SIDOR había expulsado de la planta a 514 obreros por seguir la huelga que mantenían con el objetivo de exigir un aumento de sueldo. Yo estaba sentado escuchándole pacientemente en la mesa. Cuando no pude más, inicié mi toma de posición dialogante junto a los trabajadores, con quienes convivía en el Barrio Los Monos. Pero él no se detuvo; y yo no pude contenerme. Y empecé a levantar la voz al mismo nivel que la suya; y después nos pusimos de pie uno a cada lado de la mesa. La comunidad se calló. Se escuchaban nuestras voces, después nuestros gritos... Después todos se apartaron. Los dos caminando nerviosos y siguiendo nuestros discursos de punta a punta del comedor... Solo nos separaban las ideas y la mesa con el resto de la comida que nadie osó terminar.

Esa noche Alfredo Sardi y yo bajamos a nuestro barrio, con nuestra gente, entendiendo más el sentido de la huelga y la razón que tenían los obreros de SIDOR. Los jesuitas estaban con la empresa, pensaban como la empresa y vivían como empresarios. Ningún jesuita me apoyó. Sólo Alfredo.

La siguiente semana, cuando subimos a cenar al Colegio, encima, tuve que pedir perdón a la comunidad por el "escándalo" que había organizado. Por mandato de santa obediencia al Padre Rector del colegio. "¿Qué bien no?". El otro no pidió perdón…

Como la inflación en la zona del hierro iba cada vez en aumento, casi un 20% de IPC, y los sueldos no se correspondían con el valor de los alimentos, la empresa de SIDOR y la CVG, se propusieron ser buenos ese año y decidieron montar una cooperativa de consumo. La Cooperativa se llamó AUYANTEPUY. El primer supermercado de regular tamaño se montó en Guri, para los trabajadores de EDELCA (Electrificación del Caroní, S.A.). Como resultó bien, enseguida se programó otro más grande en Ciudad Guayana. El terreno, creo, lo donó la CVG y en todo este proceso de crear la Cooperativa, SIDOR se volcó. Cedió a sus mejores hombres para que administraran ese gran negocio. Pues bien, el gran supermercado moderno se inauguró en San Félix. En la parte trasera y en una segunda planta, funcionaban las oficinas.

Para ese momento, ya habíamos organizado varias cooperativas de ahorro y crédito, de servicios comunales, etc. en toda la ciudad. Un grupo llevábamos la idea; luego dábamos cursos de formación cooperativa; después hacíamos el estudio de viabilidad económica y al final un día en una gran asamblea se aprobaban los estatutos y se levantaba el Acta Constitutiva. Con el nombramiento de los Directivos a elección de todos los socios, se inscribían los socios y se daba por inaugurada otra cooperativa. Así se formó la del Barrio Los Monos y la de otros más con ayuda de mi gran amigo Ignacio Alzuru.

Más tarde constituimos la Central de Cooperativas de Guayana (CECOGUAY) y más adelante en Barquisimeto, se formó la Central de Cooperativas Nacional de Venezuela (CECONAVE). Por cierto en esa Asamblea Nacional me eligieron para que fuera Presidente de CECONAVE. Subí al estrado y les agradecí la confianza demostrada explicándoles que no podía aceptar porque mi trabajo estaba en ciudad Guayana y que proponía para presidente al de la Central del Estado Lara, Gustavo Salas, que era ingeniero o economista, así estaría la Central de Cooperativas en mejores manos. Se votó, ganó y yo respiré. Fue un gran Presidente.

De nuevo en Ciudad Guayana, los directivos de la AUYANTEPUY preocupados por el poco espíritu cooperativo de sus ocho mil socios, oyeron de alguien mencionar mi nombre. Me llamaron a las oficinas a conversar. Les pedí licencia para hablar, sin diplomacia, y les dije lo que pensaba. Que eso no era una cooperativa sino un supermercado más, algo más barato, más moderno, más grande, pero nada más. Que el procedimiento para formar una cooperativa no se había llevado a cabo allí. Y por eso la gente no cooperaba, sisaba todo lo que podía, no asistía a reuniones, etc., etc.

Me propusieron que trabajara allí. Me citaron al día siguiente a una hora. Me senté delante del Gerente de la Cooperativa, un alto directivo de SIDOR cedido a la AUYANTEPUY, y di lectura a un escrito que llevaba preparado...

"Soy Sacerdote Jesuita. Católico. Mi pensamiento, filosofía y mi vida están basadas en la mentalidad cristiana que aparece en la Biblia. Llevo 5 años dedicado a un barrio humilde de Puerto Ordaz, conllevando y conviviendo con la gente marginada, sus injusticias y las aspiraciones aún vagas de una sociedad más justa.

Esta vivencia de explotado me ha radicalizado. El conocimiento de la Biblia se ha acrecentado con la realidad que palpo.

La vena del pensamiento liberador que recorre las páginas de la Biblia enriquecidas con las aspiraciones del pueblo sufrido que palpitan tan de cerca en mi ranchito, ha comprometido mi vida con la búsqueda de salidas apropiadas en esta encrucijada tan oprimente para las gentes de nuestro pueblo. Un pueblo que no solo es el reflejo del pueblo escogido, sino que al mismo tiempo es la encarnación del Cristo vivo que se encarnó en la historia de la Humanidad.

Quiero vivir una vida de servicio, de compromiso, de solidaridad auténticos a pesar de mis limitaciones personales. He aprendido algo de mis fallos. Pero aún me falta mucho.

Creo que en una sociedad capitalista, aunque haya gente con deseos de mejorarla, no veremos satisfechas nuestras aspiraciones de justicia, de amor, de libertad y de la paz cristiana. Por eso veo inaplazable un trabajo por concienciar al pueblo para que éste implante otro sistema social-económico-político y cultural distinto. Una sociedad igualitaria, realmente democrática. Hoy llamamos a este ideal un sistema socialista., hecho por venezolanos y para los venezolanos. Sin ingerencia de otras potencias, ni presiones económicas, ni culturales en la búsqueda de nuestro propio destino.

Quiero dejar constancia de mi pensamiento, mentalidad e ideal, para que no se sorprendan y no me llamen la atención cuando diga en público lo que pienso sobre estos temas.

En resumen: Esto podrá ser utópico ahora. Pero es mi vida. Los trabajadores, los marginados, los campesinos y los estudiantes me conocen a su lado en muchas luchas. Esta posición me ha costado caer preso en una ocasión por 23 horas y en otra oportunidad fui llamado a declarar ante un cuerpo de seguridad del estado. La clase explotadora me ve con recelo. Los dueños de los prostíbulos del barrio me llaman comunista por-

que he declarado la guerra a la inmoralidad y a la perversión humana.

Por eso pregunto. ¿Los que proponen mi colaboración en la Cooperativa AUYANTEPUY, están de acuerdo con mi posición y compromiso?

Por otra parte, no queriendo polemizar con nadie, respetando otros modos de pensar y vivir, no entraría a colaborar en el Comité de Educación ni como asesor, ni como técnico, sino como uno más. Ni tampoco entraría para percibir un sueldo. Creo que daríamos un gran ejemplo y estímulo a los trabajadores de planta, si todos los empleados nos rebajáramos los sueldos. Podríamos aminorar los gastos ordinarios de la Cooperativa y rebajar así en algo los precios de los productos básicos que come el pueblo. (Avisado, no soy economista).

Aunque no me gusta ni medir, ni estipular mi tiempo, podría sacar unas dos horas diarias, 4 días a la semana, para acompañarles en su trabajo. Pero eso sí SIEMPRE QUE PUEDA SEGUIR SIENDO SINCERO CONMIGO MISMO Y HONESTO CON LOS TRABAJADORES Y CONSECUENTE CON MI IDEAL DE CONSTRUIR UNA SOCIEDAD NUEVA.

Pienso que la Cooperativa de Consumo es totalmente distinta a un supermercado. Y que a través de la actividad económica, lo más importante es la educación del cooperativista, su participación y su responsabilidad social.

Fdo.: P. Pedro M. Prieto S.J.

Después el Gerente de la Cooperativa sacó una planilla, me pidió todos los datos y llegamos al punto crucial: el sueldo.

—¿Qué salario cree que debe percibir como Asesor del Comité de Educación?

—Bueno, yo creo que podría trabajar dos horas al día, por las tardes, cuatro días a la semana. Estoy trabajando en un LICEO[27], y con el sueldo que gano dando las clases de latín tengo bastante. Además como nunca he cobrado por formar Cooperativas tampoco voy a cobrar en ésta que ya está funcionando.

—Pero algo tengo que poner aquí, en el contrato.

—No, nada.

El Gerente disgustado dejó con fuerza el bolígrafo sobre la mesa y me dijo muy serio:

—Es la primera vez que me pasa esto. Que un empleado me rechace el sueldo.

—Bueno pues ponga algo; lo que sea.

—Voy a poner 600 bolívares.

—No, eso es demasiado. Ponga 400.

Y así empezamos a dar cursos de cooperativismo por los barrios. Con ayuda de unas diapositivas preparadas y unas cintas grabadas fomentábamos el dialogo con trabajadores de SIDOR y ALCASA. Una hora y poco más, cada sesión.

Pero el trabajo con los directivos fue parejo. Charlas y conversaciones informales hoy con uno, mañana con otro, dieron su fruto. Por fin comprendieron que la Cooperativa AUYANTEPUY debía comprar los productos agrícolas a cooperativas de producción agrícola, y transportar los artículos con los camiones adecuados que estén, a su vez, organizados en una cooperativa de transporte. Así cerraríamos el círculo

---

[27] Instituto de Bachillerato Público

cooperativo ideal; Producción-Transporte-Consumo. De esa forma no habría explotación y los precios serían más justos para el productor y el consumidor. Así que hicimos varios viajes con el coche de un directivo, Emilio Bellorín, al Estado Sucre para hablar con unos campesinos que producían varias verduras y hortalizas. La idea les gustó a todos pero no se llevó a cabo por falta de gente que dirigiera las Cooperativas de producción de verduras y frutas; y otras de transporte.

Por desgracia llegó la corrupción a esta "empresa-cooperativa". En una Asamblea celebrada en el salón de actos de SIDOR, tomé la palabra y les advertí a todos los delegados asistentes que estaba notando ciertas faltas de control económico, que teníamos que estar alerta, etc.

En la próxima asamblea como no se habían tomado las cautelas que propuse, renuncié al cargo de Asesor del Comité de Educación.

Años después éste bonito proyecto explotó y se cerró minado por la corrupción, el 28 de Octubre de 1.984.

El esfuerzo de CVG y SIDOR por mejorar las condiciones de vida de sus obreros fracasó. Ya se lo había anunciado años antes. ¡LASTIMOSO!

Aquí termina esta carta, Irune. Mi trabajo con los obreros de SIDOR y ALCASA no se circunscribía a la cooperativa, se centraba más en los barrios: Plácido Yépez —por ejemplo— vecino del Barrio Los Monos era vigilante de SIDOR y en Los Monos era Presidente de la Asociación de Vecinos y amigo personal mío de toda confianza.

Cuando Plácido murió, estábamos ya en España. Le mandé a Ester, su señora, mi sentido pésame y un artículo firmado por mí para que lo llevaran a un periódico. No sé si lo publicaron...

OCTAVA CARTA: EL CURA PEPE EN POLÍTICA

Querida hija Irune:

Esta carta es la que más me está costando escribirte. Meterme en política "partidista", no fue una decisión fácil. Surgió, de mi prisa en arreglar los barrios que tan miserables estaban; de los continuos engaños recibidos por parte de los dirigentes de AD y COPEI; de la desunión de todos los que queríamos o podíamos hacer algo por los trabajadores; de la gran corrupción económica y humana que perjudicaba a los de abajo…

Ya verás, Irune, cómo salté a la política "partidista"… cansado, como estaba, de que tanto los concejales de AD o COPEI alternaran el poder cada cinco años y las casas, nuestros barrios, nuestra gente, siguieran igualitos.

No escogimos el barrio. Los Monos era como otro cualquiera. Había cientos iguales. Con grandes necesidades materiales. Ambiente indiferente, desunido y muy politizado. Cincuenta por ciento de paro. Unos 6.000 habitantes y unos 500 niños en edad escolar. Sin dispensario. Tanto el seminarista Alfredo Sardi como yo, carecíamos de un plan o proyecto de acción concreto. Queríamos darle la iniciativa al barrio. Tal vez lo único que teníamos en mente era que, partiendo de una vida en pobreza real, llegar a formar una comunidad de base. Y que ella decidiera el camino.

La visita inicial a los vecinos, rancho por rancho, hizo familiar la figura de los "padresitos" por el barrio. Un elemental dispensario en nuestra casita y una escuelita gratuita fueron las primeras exigencias de la comunidad incipiente. Luego llegaron los talleres cooperativos de carpintería, costura, peluquería, zapatería, mimbrería, pintura, electricidad, etc.

El paso siguiente, con la inestimable ayuda de un experto y amigo, Ignacio Alzuru (Nacho), fue la cooperativa de Ahorro y Crédito que se convertiría más adelante en una de Servicios Comunales con la adquisición y puesta en marcha de la lancha "La Unión".

Un grupo de vecinos nos visitó para proponernos la organización de una Junta Pro-Mejoras en el barrio, para reivindicar ante las autoridades, la mejora de nuestras condiciones de vida, fomentar el deporte, el arte y las fiestas.

Más tarde participamos en la creación del Comité Unificado de las Comunidades que agrupaba a 16 barrios en toda Ciudad Guayana. La participación de la comunidad fue una sorpresa para nosotros. Querían ser dueños de su propio destino. Los marginados querían salir del engaño. Ya no querían oír más eso de "el pobre tiene que morir pobre, ¡qué le vamos a hacer...!"

Gente como Alfredo Sardí, Ignacio Vera, Yanet, Carlos Montañez, Edecio Alfonso, Nieves Rivas, Omar Salazar, César Lathulerie, Francisco Rodríguez, Jesús Alejandro, Ramón Guzmán, Sonia Salazar, Plácido Yépez, Eugenio Jiménez, Alexis Salazar, Juan Franco... además de otros, que mi débil memoria hoy olvida, fueron la base de esta comunidad naciente.

El trabajo en Los Monos se iba viendo.

Pero faltaban todos los otros barrios. El 27-06-1.977 escribí un artículo en la prensa local:

> *"La disociación de nuestro pueblo pareciera ser una nota constitutiva del trópico. Estamos divididos por los partidos políticos: Masistas, Copeyanos, Miristas, Adecos, Comunistas, etc. Por las creencias religiosas: evangélicos, católicos, mormones, testigos de Jehová... Por los desniveles económicos. Por nuestra procedencia: en nativos y extranjeros. Por el grado de instrucción... en nuestros hogares, por ser hijos de padres distintos. Divididos en todo y por todo.*
>
> *Basta entrar por un barrio cualquiera para sufrir este doloroso impacto causado por divisiones artificiales, que se manifiestan a toda hora en las peleas callejeras, en las discusiones violentas, en el desconocimiento de la vida y de los problemas del vecino, en la ignorancia de las calles cercanas a la suya...*
>
> *Basta con subir a un autobús y oír el silencio de unas conversaciones amistosas...*
>
> *Basta con entrar a una casa y sentir el vacío del padre de familia... cuánta gente no habla con el vecino porque dice: —yo no visito esa familia—Y TODOS ELLOS PERTENECEN A LA MISMA CLASE SOCIAL: LOS EXPLOTADOS.*
>
> *Esta división está fomentada por los usufructuarios de nuestra fortuna. Porque nuestro país es muy rico... Venezuela tiene muchos pretendientes. Parientes lejanos que buscan con avidez saquearla impunemente... y cuanto más desunidos estemos, mejor para ellos.*
>
> *A nuestra gente le han dividido con mucha intención...*
>
> *¿Conviene pues que sigamos divorciados, divididos? Ciertamente que sí a los enemigos de nuestra patria y a sus mercenarios...*

> *El esfuerzo que pongamos y lo que sacrifiquemos en la búsqueda de UNA SOLA ORGANIZACIÓN POPULAR será agradecido por los hijos de Venezuela..."*

Por todo ello yo me planteaba algo más. ¿No podría multiplicar por dos el esfuerzo realizado cada día? ¿Cómo podría llegar a más gente mi testimonio, mi trabajo?

El partido Movimiento Al Socialismo (MAS) me invitó a participar en sus planchas electorales, me negué. Luego vinieron del Movimiento de Izquierda Revolucionaria (MIR): deseaban que encabezara sus listas para el Concejo Municipal[28].

Consulté por carta a mi superior jerárquico el 14 de agosto de 1.973. El día 17 me envió un telegrama, que aún conservo, que decía textualmente:

> *"Te agradezco la carta y periódicos que leo esperando vuelo Puerto Rico. Pero no podría aceptarte ningún tiempo para clarificarme detenidamente sucesos y propósitos. Recuerda que tienes un Arzobispo a quien consultar en asuntos con implicación para la iglesia. Saludos. Echeverría"*

No entendí nada. Según el telegrama, mi superior no me prohibía presentarme como candidato a las próximas elecciones municipales. Pero no acepté, pues nuestra comunidad de base no veía claro el que yo favoreciera a un partido de izquierda y dejara a otros. Hasta ese momento yo era de izquierdas pero independiente. Y no veía claro la división existente entre esos dos partidos y otros de izquierda.

---

[28] Ayuntamiento

Seguimos nuestro trabajo en los talleres, la cooperativa, la lancha "La Unión". Estuvimos presentes en las luchas de los campesinos de Sabaneta y Boquerón. Nos personamos en las reivindicaciones de los vecinos en la U.D. 145 y 146, en el Barrio Bella Vista, en el Barrio San José, etc., etc. Esta es la crónica que conservo de una ocupación anunciada:

DE LA MISERIA BROTA UN BARRIO CON CORAZÓN DE COMUNIDAD

En San Félix, al pie del parcelamiento de El Roble, junto a uno de los embarcaderos de hierro por donde se fuga la riqueza nacional, está naciendo un barrio nuevo: el Barrio La Lucha. En lo que hace tres meses era un basurero y monte, cubierto de maleza impenetrable, viven ya 45 familias; se levantan cada día nuevas barracas, y se ve el nacer de algunas casas de bloque. En los planos que me muestra Juancito, S. José es un barrio rectangular, bien trazado, con su iglesia, edificio comunal, canchas deportivas y 65 parcelas de 11,40x21,50, entre las carreteras La Bandera, La Unidad, Che Guevara, y las calles Camilo Torres y el Progreso. Actualmente el barrio tiene ya luz eléctrica, tomada por ellos mismos, pues CADAFE[29] sólo respondió con largas a las distintas comisiones del barrio que pedían se la pusieran. En cuanto al agua, un mísero chorrito, también tomado por su cuenta, surte por ahora las necesidades de toda la comunidad. Se está estudiando un plan de colaboración con el INOS[30], según el cual la comunidad abriría las zanjas y el

---

[29] Compañía Anónima de Administración y Fomento Eléctrico
[30] Instituto Nacional de Obras Sanitarias

INOS les instalaría el agua corriente cobrándoles tan solo 20 Bs. por el contador. Las condiciones sanitarias son totalmente deficientes. No existen cloacas y tan solo algunas barracas tienen pozos sépticos. Las calles son de tierra y, cuando llueve, se forman barrizales impresionantes.

Los habitantes del Barrio S. José son en su mayoría emigrantes de Sucre o de los estados limítrofes. De extracción campesina, llegaron a Guayana guiados por las esperanzas de encontrar trabajo en la zona industrial. Pero les fue muy difícil conseguirlo. La mayoría de ellos son desempleados o subempleados: los más afortunados consiguen trabajar uno o dos días por semana en lo que encuentran: construcción, carga y descarga de barcos… Sobreviven gracias a esa auténtica solidaridad, tan común en el estrato más inferior del pueblo, que les lleva a compartir sus arepas y platos de caraotas con el que no tiene nada.

Antes de crearse el Barrio La Lucha, la mayoría vivían alquilando barracas, a un precio medio de 100 Bs. mensuales (elevadísimo sobre todo si se considera que no tienen empleo fijo) o hacinados en las barracas de compadres y familiares. El Sr. Rafael Molero que ha puesto su bodeguita a la entrada del barrio me cuenta que estuvo 27 meses pagando 60 Bs. mensuales por un cobertizo, pero que con la toma, nada más cruzar la calle, había conseguido una buena parcela gratis.

El Sr. Guido, sastre de El Roble y líder de la comunidad, me explica el origen del Barrio La Lucha. Habla con el cigarrillo en la lengua, mientras quita los hilos de un corte de pantalón. "Para comprender el origen del Barrio La Lucha", dice Guido, "debemos volver años atrás. En 1.970 se formó en El Roble una Asociación para Mejoramiento Social, un organismo de bienestar social para remediar los problemas de la comunidad. Esta asociación, que yo presidía, había pensado ya entonces en pedir al Concejo Municipal los terrenos baldíos al pie del parcelamiento de El Roble, con miras a establecer allí algunas canchas deportivas y lugares de esparcimiento. Pero el Concejo nos respondió que esos eran terrenos de propiedad privada y desistimos. De hecho, poco a poco fue deshaciéndose la Asociación.

Posteriormente, la Junta Directiva de La Hermandad San José, una organización de carácter religioso, pensó pedir un trozo de dicho terreno baldío para la construcción de una capilla. Se les negó la petición alegando que los terrenos pertenecían a un tal Juan Atela, un español. La Hermandad de San José quiso entonces comprarle un trozo de terreno pero el Sr. Atela se negó a negociar con ellos y les dijo que esos terrenos eran de él pues los había comprado en 1.955 a 7 centavos el metro. La Hermandad le pidió ver sus títulos de propiedad, pero el Sr. Atela se negó a mostrarlos. Entonces pusieron tres avisos en el periódico diciendo que iban a ocupar el terreno. El Sr. Atela no contestó. Pero lo mandó cercar.

Fue entonces cuando en el seno de la Hermandad de San José surgió la idea de tomar todo el terreno y crear un barrio nuevo para tratar de remediar las necesidades de un gran número de familias que vivían en condiciones ínfimas. Buscaron colaboración del Comité Unificado de las Comunidades y se la dimos. Se vio claramente la necesidad de invadir los terrenos y fundar un barrio nuevo. Invitamos a Atela a tres reuniones. A ninguna vino. Entonces se constituyó un "Comité de Toma", formado por cinco miembros que irían estableciendo todo el plan. Este comité se encargó de efectuar una primera medición del terreno desde el exterior para calcular el número de parcelas y según el cual elaborar las listas de personas necesitadas a las que se les entregaría una parcela. Estas personas fueron convocadas a muchas reuniones donde se les fue explicando todo y creándoles conciencia. Una vez que la gente estaba dispuesta se envió una carta al Concejo informándole del plan de la toma. No hubo respuesta y se procedió a efectuarla.

LA TOMA: "La Gente Respondió Que Sí"

Dejemos que nos hable ahora Albertico, un vecino de 25 años pero con rostro de niño, uno de los líderes indiscutibles del barrio:

"Nos reunimos la noche del viernes en el local de la Hermandad. Hablamos con ánimo a la gente y la gente respondió que sí. Toditos estaban muy valientes. El que necesitaba una parcela se portó muy valiente igual que la familia. El viernes en la noche todos demostraron ánimo y entusiasmo. Conseguimos un micrófono y aparato de sonido. También la bandera nacional grande del colegio y cinco banderas más. Preparamos unas pancartas: 'Aquí se construirá el centro comunal' y tal y tal...

El sábado a las seis de la mañana llamamos a todo el mundo. Asistieron con todo: rastrillos, machetes, hachas... De las otras comunidades vinieron muchos a respaldarnos. Al mirar a la gente yo me di cuenta que éramos como 600. El primero iba el de la bandera. Si había vaina[31] caería el primero, enrollado en la bandera. Salimos de la capilla cantando el himno nacional y con las banderas. Salimos como a las siete

---

[31] Problema Serio, enfrentamiento

de la mañana. Guardamos la cerca y empezamos a tumbar monte. El primero era el Padre Pepe. El Padre y Juana la Gorda. Ese hombre agarró un machete como cualquier campesino. Es guapo con el machete. Ni agua tomaba. Él lo hacía para que tomaran brío los otros. Para que no se echaran atrás. También trabajó mucho la negra Blanca Nieves. Esa negra, por mucho que digan que es mala, es bien luchadora. Había mujeres que tumbaban más monte que los hombres. Todo el mundo trabajó duro y no sucedió nada. Incluso el dueño, el Sr. Atela, pasó por ahí y nada dijo. Tumbamos todo abajo. Ese día nadie fue a comer. Una comisión de mujeres repartió la comida. Esa comisión se había nombrado antes, cuando los preparativos. Hicieron una colecta para lo de la comida. También se había nombrado otra comisión, una brigada de orden por si había heridos. En la noche montamos vigilancia como de 20 hombres para defender el terreno. Debían avisar a los demás si venían a sacarlos. Todos lo hubiéramos defendido con nuestras vidas pues después que lo limpiamos no nos íbamos a quedar con los brazos cruzados. El domingo se quemó todo el monte. Se nombró una comisión de medir —como seis hombres— tantos metros de largo como de ancho. En la comisión andaba un muchacho que conocía mucho de topografía. Se hicieron con mil y pico de estacas y con nylon y cabulla[32] se dividieron las parcelas. Salieron como 63. Luego se sortearon. Cada parcela tenía un número y el número que uno sacaba por sorteo, esa era su parcela. Pero para sacar número uno tenía que estar antes en la lista. Entonces la gente comenzó la construcción. Esa señora de ahí, Blanca Nieves, el mismo día que empezó, tan pronto como puso las primeras planchas de zinc, ya tenía sus corotos[33] aquí."

---

[32] Cuerda
[33] Pertenencias

Miro a mi alrededor. Todavía algunos no han comenzado la construcción. Una familia se está mudando llevando todos sus haberes en un bulto en la cabeza. Algunas barracas están todavía a medio construir. Otras no tienen piso de cemento. Me cuentan que los que no construyen es que no tienen recursos. Que los materiales están muy caros. Una plancha de cartón piedra cuesta 11 Bs., y un lío de zinc, o sea, 10 láminas, 110 Bs.

Entiendo que la toma pudo realizarse porque prescindieron de proselitismos políticos. Me cuentan cómo al comienzo vino una comisión de adecos queriéndose ganar nuestras simpatías. Les dijeron que la Guardia iba a desalojarlos y a tumbar sus barracas pero que ellos los defenderían. Un señor ya anciano me dice: "Hasta vino Margarita González, conocida dirigente adeca, y nos prometió que estarían a nuestro lado. Pero todo era el juego de la política sucia."

"También vinieron los copeyanos", agrega otro, "y que nos iban a regalar unos líos de zinc. Pero todo fue bla, bla, bla…"

Pregunto a Guilarte, un muchachote atlético, si ya ha construido su barraca. Me dice que sí y me señala una con un emblema de un gallo rojo[34] pintado en la puerta. Me dice: "Tenía una barraca vieja, la tumbé, me traje el material y la hice". Una señora dice que va a ir a hablar con el Presidente de COPEI a ver si le consigue un poco de zinc. Alguien le dice que no vaya. Que aquí no dan nada. Que no es como en Caracas donde dan tantas cosas como se ve en la televisión. Otra señora me cuenta después mientras me brinda un refresco: "Yo fui al Concejo. Ahí trabaja un amigo que es panadero. Le dije: "Estoy haciendo un rancho con las uñas. Ayúdame. Me regaló un lío de zinc y nueve sacos de cemento"".

---

[34] Símbolo del Partido Comunista de Venezuela (PCV)

Les preguntó si hay colaboración en la construcción de las barracas. Algunos me dicen que no. Que cada uno trabaja para sí y que se tienen que levantar como pueden. Rómulo dice que se está perdiendo el sentido de unión y que falta organización. Que él va a proponer en la reunión semanal que se haga una tómbola y con lo que se saque se vayan haciendo las barracas que faltan. Albertico está en desacuerdo con ellos y dice: "El que se queja es porque quiere. Muchos bloques y suelos yo los eché sin cobrar. Este piso yo lo eché. ¿Acaso le cobré algo a usted señora? Yo no necesito plata. Yo soy pobre pero sé lo que hago. Con la plata no voy a hacer nada pero sí con hacer un bien. El que paga por hacer una casa es porque quiere". Le pregunto si está trabajando y me dice que no. Que lo retiraron porque se acabó el trabajo. Tampoco trabajan los otros tres hombres que están ahora conmigo. Le pregunto a Blanca Nieves si tiene trabajo y me dice que sí. Trabaja en una casa de familia en Puerto Ordaz. Le pagan 120 Bs. al mes y gasta diariamente 1,50 en pasaje. Con el resto, 2,50 al día, tiene que vivir ella y sus dos hijos. Pero Blanca Nieves todavía tiene humor para soñar: "Cuando me ponga viejita", dice, "mis hijos me estarán haciendo la quinta[35]".

Me entero también que la actitud de la Iglesia se mantuvo dividida en todo el proceso y en la toma. Pues si bien el Padre Pepe fue uno de los líderes al lado del barrio, me dicen que el párroco, el Padre Andrés, se opuso en todo momento a la toma. "Nos dijo" —me cuenta de nuevo Albertico— "que la iglesia no se podía construir en terreno robado. Que está mal hecho y que ¡Dios castiga!". "Pero" —prosigue Albertico— "si estamos recuperando un terreno robado, si Dios nos ha de castigar, que nos castigue".

---

[35] Chalet

"Pero el Padre Pepe nos dice que Dios no castiga por esto. Que Dios está con los pobres", dice una señora diminuta y extremadamente flaca.

Me siguen contando. Un día, en plena misa, el Padre Andrés se paró y les dijo que por su parte y la de la Iglesia, de hoy en adelante queda disuelta la Hermandad de San José por haber colaborado en la toma. Todos quedaron atónitos. "Mamá Bebi, una señora querida por todos y muy colaboradora, se puso a llorar".

<u>CON EL SUDOR DE LA COMUNIDAD NO SE NEGOCIA</u>

Ahora estamos en la barraca de Miriam, donde yo estoy hospedado estos días. Ha caído un palo de agua[36] fuerte y todo está embarrado. Todavía se oye el golpeteo de la lluvia sobre el techo de zinc. Junto a nosotros, mirándonos muy fijamente, hay tres niñitos. Adentro, Miriam da de mamar al último de dos meses. Nicolás, el marido de Miriam dice: "Vamos a matar el pollo pintado". Miriam, desde adentro: "Me da dolor comerme el pollo".

Veo frente a nosotros un montón de bloques destrozados y los restos de unos cimientos de una casa y pregunto qué pasó allí:

"Ah, esa es la historia de Jovito González", me dicen, "quiso cometer un abuso, el abuso más grande de todos".

Les pido que me cuenten la historia. Habla ahora un muchacho moreno:

---

[36] Tormenta

"El Sr. Jovito González era uno de los cinco miembros del Comité de Toma. Pero resultó un Judas y aún peor. Pidió una parcela para su hijo Miguel González y le fue adjudicada. Pero Jovito la vendió a un comerciante, Tito, que empezó a construir una casa de bloques. 2.088 Bs. se gastó el comerciante en materiales. Cuando en la comunidad nos enteramos, convocamos una reunión a la que invitamos al Sr. Jovito. Ahí le preguntamos:

—Como miembro de la Junta Directiva, ¿Qué ha hecho con la parcela?

—Nada, es de mi hijo – contestó Jovito.

—Mentira. Usted la vendió por 600 Bs.

El Sr. Jovito lo negó. Dijo que solo eran vagabunderías contra él. En esa reunión no tomamos ninguna decisión aunque discutimos mucho. En otra reunión llamamos al hijo de Jovito y nos confesó que su papá le había dicho que él no hiciera nada en la parcela, y que su viejo había hecho una tracalería[37] con el otro comerciante. Entonces, en otra reunión, descalificamos comunitariamente al Sr. Jovito González y le ordenamos al Sr. Tito detener las obras y retirar sus materiales pues esos no eran terrenos para negociar. Pero él siguió construyendo. Caliente dijo: 'Aquí hago lo que quiero' nos respondió. Se hizo una reunión aparte y le dimos ocho días de plazo al Sr. Tito para sacar los materiales de ahí. Un día vino el Padre Pepe y un abogado, el Dr. Alegría. En presencia de ellos confesó que seguiría construyendo pues él había comprado la parcela en 600 Bs. y que era suya. Trataron de convencerle que no podía continuar pues esos eran terrenos para necesitados y no para negociar, pero él no hizo caso. Un

---

[37] Negocio Sucio

día, borracho, iba gritando que si no le dejaban construir le caería a plomo a todo el mundo. Pasaron los ocho días y la comunidad procedió a tumbarle la obra. 1.300 bloques perdió que ya tenía pagados. Esto de ahí son los restos. Vino la Guardia Nacional y, furiosos, mandaron detener la tumbada. Pero fuimos a la Prefectura y a la Guardia Nacional. Hasta Puerto Ordaz fuimos. Y nos brindaron apoyo. Sería por que el Padre Pepe iba con nosotros. El Sr. Tito perdió el saco y los cangrejos. Pasaron ya dos meses y no ha pasado nada. Un día yo mismo le pregunté a Tito: '¿Tú, qué vas a hacer?' Me dijo: 'Nada, yo ya he perdido eso y no tengo más nada que buscar'. Lo dijo como si lo hubiera perdido en juego o en bebida. Eso fue lo que él mismo me dijo a mí. En este caso de Jovito, como en el de la toma, el pueblo se portó valientemente. Y así tenemos que actuar siempre. Y con unión. De aquí ya no nos vamos. Tendrán que sacarnos cargados. O pasar una máquina y acabar con toditos nosotros. Si aquí no se hace ley, cada uno vendrá y negociará con la parcela. Y se deshará la comunidad. Pasará como en el Barrio San José, que vendieron y como los nuevos que llegaron no habían luchado, no tenían espíritu. Yo pertenezco al Barrio La Lucha, y lo que le hagan al pueblo me lo hacen a mí".

PROBLEMAS Y PLANES

Les pregunto sobre los problemas principales que actualmente confrontan y sus planes inmediatos. Guido me habla de conformismo, de apatía, para asistir a las reuniones. Dice que realmente no se sienten comunidad, que cada uno se contenta con lo suyo, y que cuando han puesto las primeras planchas de zinc no quieren seguir luchando. Me explica que se ha creado un Comité de Bienestar Social que se reúnen todos los miércoles y convocan reuniones de comunidad todos los domingos. Pero que hay gran ausentismo. No van. Se quedan viendo la televisión. (De hecho me ha sorprendido el tremendo papel alienador de la televisión. Aunque sólo llegan los canales 5 y 8, a partir del mediodía, y en las escasas barracas que tienen televisor, se concentran las personas para ver las telenovelas. Me sorprende cómo conocen los nombres de los artistas. He observado también que soy recibido con menos afecto – meramente me invitan a sentarme con ellos y ver el televisor – cuando los visito durante una telenovela). Guido se esfuerza por ponerme claro su conformismo: "Fíjese, por ejemplo, con el agua. Consiguieron un chorrito para todos y les basta. No luchan para que el INOS la ponga. Lo mismo con la luz. La apatía es terrible. Se conforman con casi nada. Juancito, yo y todos les decimos que hay que seguir luchando por una vida mejor, pero pocos nos hacen caso. Tenemos que habilitar un galpón para Centro Comunal. Y para escuela. Hay que conseguir madera para los bancos. Hay una señora que se ofrece a dar clases a los niños por un bolívar semanal. Deberíamos tratar también lo del desempleo. Exigir trabajo. Aquí, casi ninguno de los hombres tiene trabajo fijo. Las compañías no dan trabajo. Y los americanos se nos llevan las riquezas".

Juancito me hace ver cómo los partidos políticos dividen y alienan al pueblo. En vez de unirse, están divididos por colores y candidatos. Hasta en casos extremos llegan a no hablarse. "Los partidos políticos", me dice, "son el arma principal de la división del pueblo. Para hacer algo, hay que prescindir de la politiquería. Como en la toma. Por eso fue todo un éxito".

Guido me sigue diciendo que se cometió un error en la elaboración de las listas de las personas a las que se les iba a entregar la parcela. Se colaron muchos que no la necesitaban de veras. Por ello no sienten la urgencia de la lucha y querían negociar con ellas. Dice que las listas se elaboraron "por amiguismo y no por autentica necesidad". Ya han aprendido, para otra vez, que uno de los puntos más importantes es la buena elaboración de la lista.

Más tarde, en el Roble, un señor de rostro agrietado y reseco, un ex-obrero de la Iron Mines, me dice que en 12 años que lleva allí jamás ha pasado la máquina por la calle. Que hace unos meses fue al Concejo y le respondieron: "que se lo arreglen los adecos, porque ustedes son adecos". Me dice también "que no mandan luz en la noche a las calles con lodo y barrizales por cuestión política". Me hace ver cómo estando rodeados de agua por todas partes tienen que comprarla para beber a 3 Bs. el garrafón (su familia —cinco niños y la mujer— gastan seis garrafones a la semana) pues el agua de las cañerías no es potable, y que hace unos pocos meses se supo que habían estado bebiendo "agua de muerto". La luz es otra carga insoportable, aun cuando la zona del hierro surte a todo el país. Para colmo, la cobran cada dos meses y si no la pueden pagar se la cortan. Comenzó pagando 6 Bs. al mes y cada mes le fueron subiendo otros 6 hasta llegar a 66 Bs. De ahí pasaron a cobrarle cada dos meses los recibos juntándose una cantidad que no disponía.

En la noche del domingo asisto a una reunión de comunidad. Noto un gran ausentismo. Solo hay 24 parceleros. El tema de la reunión es el problema del agua. La reunión avanza con gran lentitud porque por todas partes hay grupitos hablando entre si. Falta coraje en la coordinación. Me doy cuenta de que no les toca vitalmente el problema del agua. El tema recae repetidas veces y se pierde en chismes. Un compañero a mi lado habla de las peleas de gallos. Algunos, desanimados y aburridos, se van. Sin embargo, y como a las dos horas, la asamblea acepta un plan de colaboración con el INOS para tener agua corriente. Ellos abrirán las zanjas y le exigirán al INOS que se la ponga. Se toma lista de los que van a colaborar en el trabajo, y como el ausentismo es tan grande, se decide elaborar una convocatoria personal y por escrito para el domingo siguiente donde se establezca bien claramente que todo el que no asista será multado o no podrá beneficiarse del agua corriente. Alguien llega a proponer que se ponga un guardia donde el chorrito actual y se prohíba tomar agua a los que se niegan a colaborar. Es asombroso el esfuerzo de los líderes por mantener y suscitar en la comunidad un espíritu de lucha y hacerles ver que no pueden actuar si no están bien unidos todos.

En un segundo punto de la agenda se trata el caso de un señor que quiere vender su barraca porque se va del barrio. En este punto la comunidad se muestra desde el primer momento unánime: que se nombre una comisión que valore los materiales y establezca el precio de la bienhechuría, y ése sea el precio de la venta. Que si el dueño no acepta, se le dé un plazo y se le tumbe la barraca.

Posteriormente un señor pide la palabra y explica que no es de ahí pero que necesita una parcela. Les dice que si es posible que le puedan dar una. Algunos se muestran escépticos y piden una asamblea para que no caigan en sentimentalismos ni crean a nadie a la primera. Proponen que se nombre a alguien que estudie la situación real del señor. Que si realmente la necesita se le dé alguna de los que todavía no han empezado a construir.

En un último punto se informa que la comisión de los jóvenes ha cedido los terrenos de las canchas deportivas para que sean también parcelados y dados a otras familias que los necesiten. Se propone que ese punto se discuta en una próxima reunión.

Luego, se disuelve la asamblea. Es ya de noche. La gente se va a sus barracas esquivando en la oscuridad los barrizales. Algunos se quedan todavía hablando. El cielo está lleno de estrellas. A lo lejos, se ve la iluminación del puerto de la Iron Mines. Y allí, en esa zona tan rica y tan miserable para ellos, un grupo humano está aprendiendo la lección —entre enormes dificultades y altibajos— de que sólo pueden sobrevivir si se unen realmente, de que son sólo ellos los que han de liberarse a sí mismos, y de que sus vidas tienen un futuro si son capaces de luchar en comunidad.

——— . . . ———

A comienzos del año 1.975, siendo Secretario del Consejo de Administración de la incipiente Central Cooperativa Guayanesa (CECOGUAY), preocupados por el problema del transporte colectivo de nuestra ciudad, decidimos estudiar una solución cooperativa para resolverlo. Propuse al Sr. Carlos Sanoja (experto en transporte colectivo), que ocasionalmente estaba viviendo en mi casita, para que hiciera un proyecto. Éste accedió gustoso. Finalizó el trabajo en tres meses. Juntos recorrimos los barrios para establecer las rutas; medimos el tiempo de viaje; ideamos las paradas de entronque de líneas; calculamos el número de unidades necesarias y puedo decir que el proyecto de transporte colectivo lo conocí desde el principio. Nos pusimos en contacto con los carritos por puesto (taxis compartidos) para tratar de organizar una cooperativa de repuestos, como paso previo para unificar el transporte urbano.

Pues bien, el 7 de agosto de 1.975, Carlos Sanoja entregó el Proyecto Cooperativo al Concejo Municipal. Tengo todavía una copia en mi poder. La inversión total era de 25.683.334,25 Bs. que el Departamento Financiero de la Central Cooperativa Nacional (CECONAVE) iba a proporcionarnos con solo presentar el proyecto elaborado y una carta del Concejo Municipal concediéndonos las rutas. Al Concejo no le iba a costar nada. La ciudadanía iba a tener 100 unidades de transporte (180.000,00 Bs. cada unidad en aquel entonces) y los excedentes anuales previstos se iban a invertir en la reparación de los autobuses, en un servicio constante de tapa-baches, casillas para los usuarios, adquisición anual de dos unidades nuevas y si había más excedentes extras serían para la construcción paulatina de un Gran Centro Recreativo cerca del Río Caroní para que el pueblo pudiera tener su "Club Náutico".

El 15 de octubre de 1.975, como secretario de CECOGUAY llevé una carta al Concejo Municipal pidiéndole acelerara su aprobación al Proyecto y la concesión de las rutas. Si nos lo hubieran aprobado en esa fecha, para diciembre estarían funcionando 50 unidades y en marzo del 76 estarían ya las 100 recorriendo Ciudad Guayana.

En diciembre fui con otra carta al Concejo; y nada. Denuncié públicamente la maniobra que sospechábamos. Efectivamente el 31 de marzo de 1.978, dos años antes de las elecciones, los candidatos de los dos partidos gobernantes (AD y COPEI) registran en el juzgado de Primera Instancia de San Félix, a la <u>E</u>mpresa de <u>T</u>ransporte <u>U</u>rbano, <u>C</u>ompañía <u>A</u>nónima (EMTUCA). Comienza la propaganda electoral. Como no tienen más estudio de mercado que el que se hizo en mi casa, llaman al Sr. Carlos Sanoja para que se lo adapte a los tiempos actuales. Habían pasado dos años y si antes el valor de un autobús era de 180.000 bolívares, ahora tenían que emplear 410.000 bolívares por unidad. La empresa EMTUCA consigue un crédito de 20 millones pagadero en 5 años para la compra de 50 autobuses Mercedes-Benz y el Concejo le adelanta un millón para capital de trabajo. No contemplan capital para repuestos, ni para reparaciones. No tenían un estudio racional de rutas.

Salen a la calle los autobuses con un gran despliegue publicitario partidista y al poco tiempo comienzan a sufrir las primeras averías, choques leves, vidrios rotos, etc. No hay repuestos. Un año después, el 18 de Mayo de 1.979, un periódico independiente regional CORREO DEL CARONÍ (en su página 3) da la esperada noticia: "EMTUCA se encuentra en estado deficitario" y que "de prolongarse esta situación EMTUCA podría originar la quiebra del Concejo Municipal".

De las 50 unidades adquiridas ya solo funcionaban 28 ó 30. El Director Administrativo John William Hackett, economista, que había sido antes Gerente de Minerven[38], de INAVI[39] y Administrador de Rentas Municipales, renunció a primeros de mayo a EMTUCA.

Contemplando con dolor ésta y otras actuaciones municipales calamitosas, comienza uno a plantearse la implicación real en la vida política local. ¿Cómo iban a arreglar los barrios si no había dinero para pagar la descomunal deuda interna?

---
[38] Compañía General de Minería de Venezuela, C.A.
[39] Instituto Nacional de la Vivienda

Un destacado dirigente popular del Barrio Bella Vista, Leonidas Salamanca, escribía en un periódico local: "Con la entrada de las lluvias se está agravando la situación en los barrios. Huecos llenos de agua sucia, lagunas negras, calles embalsadas, aguas retenidas en donde los desperdicios, basura, perros muertos y demás desechos, sirven de elementos primarios para la descomposición orgánica formándose focos corrientes de enfermedades contagiosas… que aparte de la incomodidad para peatones y automotores, presentan un grave peligro para la salud… de los que vivimos en los barrios y más aún para nuestros indefensos niños."

Desde 1.958 hemos sufrido a nivel nacional, regional y municipal gobiernos adecos y copeyanos. Sabemos de corrupción, de negligencias, de atropellos, de prepotencia, de nepotismo y de engaños, todo lo que puede saberse. Se alternan en el poder. Uno acusa al otro en los primeros meses de su turno; promete investigar, cambiar, mejorar. Ya han pasado 21 años sin aparecer los millones que han robado del pueblo, sin que ninguno de los dos partidos arregle los servicios públicos, las calles, la salud, la educación, la recreación, la vivienda, la cultura de nuestra gente.

Para eso nació la idea de hacer frente, todos unidos, a esos dos partidos políticos con la Plancha Única de Izquierda. El 4 de marzo de 1.978 fue la primera reunión para presentarnos unidos toda la gente de los barrios. Allí, alrededor de la mesa estaban por el Movimiento Electoral Del Pueblo (MEP): José R. Díaz; por el Partido Comunista de Venezuela (PCV): Pedro Gutiérrez y Eusebio Hernández; por el Movimiento Al Socialismo (MAS): Damián Prat; por el Movimiento de Izquierda Revolucionaria (MIR): Marco A. Alegría; por Vanguardia Unitaria: Eleazar Bruzual y Laureano González; por los Grupos de Acción Revolucionaria (GAR): Alberto Rondón; por la Liga Socialista: Ademir del Nogal; por El Pueblo Avanza (EPA): Edwin Zambrano. Y dos representantes por el Pueblo Al Concejo (PAC): Leonidas Salamanca y un servidor.

Pero ¿cómo se formó el PAC y cómo salimos elegidos Leonidas Salamanca y yo?

Iniciamos conversaciones con los partidos políticos de oposición que no habían participado en el caos administrativo del Concejo Municipal en las dos décadas pasadas, con la finalidad de romper la polaridad obligada a que nos sometían AD y COPEI y formar un bloque popular unido.

Mª Carmen y yo, desde el Barrio Los Monos, apoyados por un número de dirigentes de barrios y asesorados por Oswaldo Ramírez y por Ignacio Vera, coordinador de los TALLERES DE ARTE Y EXPRESIÓN LIBRE de Ciudad Guayana, comenzamos a alentar, animar y aunar voluntades populares en todos los barrios. Reuniones todos los días, por la mañana y por las tardes.

Para estas laboriosas jornadas ya había obtenido hacía más de un año la exención de las obligaciones clericales con la Iglesia y la Compañía de Jesús. Era libre. Ya lo narraré después.

Nosotros proponíamos que la Plancha Única de Izquierda se eligiera democráticamente. Recorrido por todos los barrios, casa por casa, para explicar a todos los vecinos el derecho que tenían a escoger directamente a sus representantes, sin distinción entre partidos o creencias religiosas. Como esta modalidad no fue aceptada por los ocho partidos de izquierda nosotros sí la adoptamos e hicimos varias Asambleas en distintos barrios con este propósito. ¡Qué lástima que no fuera elegido este camino por los demás grupos!

Durante una semana recorríamos un barrio, visitando a todos los vecinos; repartíamos una hoja explicativa, y otra más, de votación conteniendo una lista de personas honestas y luchadoras de su comunidad dejando espacios vacíos, sin rellenar, para que se pusieran otros candidatos. El domingo por la mañana pasábamos, otra vez de casa en casa, recogiendo la hoja de votación ya rellenada. Por la tarde, en un lugar público y ante la vista de todos se hacían los escrutinios. Los cinco que habían obtenido más votos, eran los delegados principales para la Asamblea General de todos los barrios participantes en la cual, ellos escogerían a los representantes del PAC (Pueblo Al Concejo) en la Plancha Unitaria. El 19 de abril de 1.979 en nuestra 3ª Asamblea General celebrada en la Casa de los Barrios se dio lectura a una breve nota biográfica de todos los delegados. Se dejó un tiempo para debatir lo escuchado, se procedió a la votación y así quedamos elegidos el Sr. Leonidas Salamanca, del Barrio Bella Vista, y yo. El 24 de abril de 1.979 fue la presentación oficial de la Plancha Unitaria de los nueve grupos de izquierda ante la Junta Electoral Distrital.

Satisfacción, felicitaciones y abrazos culminaron la Asamblea. El PAC ya tenía candidatos elegidos directamente por los vecinos para la Plancha Unitaria. El 3 de junio de 1.980 se celebró la jornada electoral municipal y salieron elegidos dos concejales de izquierda que se turnarían como principales a lo largo de los cinco años según la cantidad de votos obtenidos.

Al PAC le correspondían 2 meses y 4 días. Como para ese entonces, yo daba clases en el Liceo Oscar Luis Perfetti, me integré al Concejo en las vacaciones de verano, desde el 11 de septiembre hasta el 14 de octubre. Treinta y cuatro días. Mi sueldo sería: 7.142,10 bolívares.

En unas declaraciones a la prensa que conservo acusé al Cabildo de tener un déficit presupuestario de unos 19 millones y una burocracia de 800 empleados que consumían los poquísimos ingresos mensuales. Todos los equipos mecánicos de Obras Públicas estaban averiados y no existían recursos económicos para repararlos; mientras que los barrios se hundían en los huecos y zanjas…

El abogado de los pobres, Marco Aurelio Alegría, elegido concejal por el M.I.R. en la Plancha Unitaria de Izquierda, escribía en el CORREO DEL CARONÍ, el 15 de septiembre de 1.980:

> "Para mi… constituyó un altísimo honor en la oportunidad de… acompañar a Pepe Prieto al acto de Juramentación y de toma de posesión. Allí se encontraron también sus más íntimos amigos, exteriorizando, junto conmigo, el regocijo que sentíamos por ver al Padre Pepe, convertido en EDIL de Ciudad Guayana, en EDIL de sus comunidades humildes, en EDIL de los pobres y necesitados, en EDIL de su querida comunidad de Los Monos…"

Durante esos 34 días de Concejal, visité los barrios que solicitaron mi presencia. Acompañaba a sus dirigentes y vecinos. Escuchaba sus problemas que ya conocía y nos dirigíamos a las oficinas municipales. Allí reclamábamos soluciones para sus necesidades prioritarias, el arreglo de las calles deterioradas, la falta de luz y de agua, la ausencia de transporte colectivo, etc., etc. La contestación oficial era siempre la misma: no hay recursos, las máquinas están averiadas y no hay repuestos… total, nada de nada. Solo conseguí en un barrio que echaran unos camiones de tierra rojiza mezclada con piedra para que los vecinos la extendieran por las calles.

Mari Carmen y yo, decidimos no quedarnos con los 7.142,10 bolívares de sueldo que me correspondían como concejal y en el Barrio Los Monos donde conseguí una altísima votación, convocamos una Asamblea General para que los vecinos vieran el dinero que habían ganado con sus votos y decidieran lo que se podía hacer con él. Era una tarde cálida. La reunión la hicimos en la encrucijada de las dos calles más transitadas. A la hora prevista tomé la palabra agradeciéndoles sus votos y enseguida propuse que dieran ideas para emplear ese dinero en beneficio del barrio.

Como había una ligera brisita, recuerdo que coloqué una piedra encima de los billetes de 100 bolívares. Casi todos estábamos sentados en el suelo y los billetes también.

Después de discutir, con orden, decidimos por votación invertir ese dinero en la instalación de una nueva tubería de más diámetro para el barrio.

El periódico local: EL BOLIVARENSE publicó el 14 de octubre de 1.980, página 10, el siguiente reportaje:

> "LOS MONOS. Una Comunidad que se une para solucionar sus problemas, trabajaron el fin de semana para instalar una tubería de mayor diámetro que aumenta el caudal de agua potable. Puerto Ordaz. Octubre 12. Antonio Segura. La Comunidad del Barrio Los Monos, del sector Castillito llevó a cabo este fin de semana la instalación de la tubería… … El Concejo Municipal aportó las máquinas para abrir la zanja y el

INOS los tubos mientras que la Comunidad colocaba los tubos, consiguiendo dar un mayor torrente del preciado líquido para acabar con el martirio que desde años vienen padeciendo los moradores de esta barriada como es el que el agua llega por cuentagotas a las residencias... Fue una acción conjunta de todos los habitantes: muchachas, chicos, hombres y mujeres y hasta ancianos... Toda una comunidad dispuesta a enfrentar los problemas que la acogotan con miras a solucionarlos..."

El INOS donó los tubos principales pero nosotros tuvimos que acarrearlos y pagar el transporte: 1.500 bolívares. Mandó una cuadrilla de dos obreros para la instalación pero nosotros les pagamos el sueldo. El Concejo Municipal prestó para un solo día un YUMBO y una ploga para hacer las zanjas. Los demás, 28 días, los trabajamos nosotros. La C.V.G. donó una llave de paso grande, un codo y una "T". Los demás accesorios y tuberías tuvimos que comprarlos nosotros. Por eso aparte del sueldo de concejal nos vimos obligados a hacer una colecta entre el barrio. Todavía guardo la hoja que repartimos a los vecinos al finalizar la obra: Colecta: 3.749,00 Bs., allí aparecían desde donaciones de 200,00 Bs., hasta las de 2,00 Bs. con su nombre y apellido. Y en qué se gastó."

Ganó el barrio en solidaridad, en sanidad y en convencimiento de que las cosas se pueden hacer sin grandes gastos con la colaboración de todos.

Con referencia a otra obra colectiva que emprendimos más adelante, el periódico regional "CORREO DEL CARONÍ" publicó el 2 de febrero de 1.981 un reportaje con fotos de casi toda una página con estos titulares:

"LOS MONOS: el esfuerzo colectivo rindió frutos. Los vecinos del populoso barrio… construyeron un puente para abrir una importante vía a la circulación de vehículos y peatones, y eliminaron un foco de contaminación."

"Ante la reiterada evasiva del Concejo Municipal, del Instituto Nacional de Obras Sanitarias (INOS) y de la Corporación Venezolana de Guayana (CVG), a sus planteamientos para que acometieran la obra, cuyo costo no llegó a los diez mil bolívares… … Los niños no tendrán que caminar más sobre la cloaca para ir a la escuela… La Junta de Vecinos solicitó la colaboración de distintas empresas de la zona para recabar los materiales necesarios…"

Solo necesitamos dos camiones de piedra picada, sesenta sacos de cemento, veinte metros de malla de acero (simalla) y nueve tubos de cemento de treinta centímetros de diámetro. Siete empresas cercanas colaboraron generosamente. Las obras fueron dirigidas por Eugenio Jiménez, delegado por la Junta de Vecinos como Jefe de la Obra, con quien colaboraron Rafael Villegas, Jorge Cuares, Teófilo Hernández, Rafael Rondón, Nicolás Arcadia, Luis Figueras y Juan Franco.

Al finalizar el puentecito celebramos una fiesta con el entusiasmo y júbilo propio de una comunidad que consigue sus objetivos con un esfuerzo organizado.

Esta anécdota que recuerdo puede ilustrar lo que sucedía los fines de semana. De vísperas había quedado con mi amigo Plácido Yépez y otros vecinos. Temprano estábamos tomando un cafecito en su rancho. Bueno, las paredes de bloque ya estaban levantadas. El techo de láminas de zinc y maderas viejas les protegía. Teníamos que quitar todo el techo y sustituirlo por las vigas de hierro y las nuevas láminas que ya había comprado.

A media mañana, bajando uno de los palos envejecidos de 6 metros, hice un movimiento de cintura brusco, sentí un chasquido en mi espalda y me quedé sin sentido, por causa de un dolor intenso en la zona lumbar. Me ayudaron a recostarme en una cama y no sé el tiempo que estuve inconsciente. Lo que sí recuerdo es que al despertar estaban todos a mi alrededor y la mujer de Yépez, la Sra. Ester, con una taza de caldo de gallina en la mano. Mª Carmen, avisada, había corrido asustada. No podía moverme por causa del dolor.

El médico me dijo que según la radiografía, si seguía así, me podía quedar en una silla de ruedas.

Un vecino me aplicó una serie de sesiones de ventosas en la espalda y gracias al cariño, y a todos los remedios me enderecé a los pocos días. Pero ya estaba avisado.

Este incidente me acobardó.

Pero hasta ese día yo estaba metido en todas las zanjas que se abrían en el barrio para canalizar las aguas negras o para aportar más presión de agua a las casas o ranchitos codeándome con los vecinos que cada vez más se unían para obras comunes.

Para finalizar este capítulo contaré una experiencia en la zona del Cerrito. Una parte del Barrio Los Monos era una laguna putrefacta. Y al lado se elevaba un cerro de piedra granítica, con senderos estrechos que comunicaban un rancho con otro.

Resulta que llevando la tubería del agua nos estorbaba una roca de unos 3 metros de diámetro y uno de alto. Ese día aprendí el sistema que emplearon los vecinos para quitársela de en medio.

Primero colocaron encima de la piedra montones de ramas y maderas. Después pusieron alrededor enormes barreños de agua con hielo. Echaron gasolina sobre la leña y encendieron la fogata. Ardió durante un buen rato. De repente, todos a una arrojaron el agua helada encima y plas, plas… la roca se rajó en mil pedazos. ¡Increíble!

El triunfo de la inteligencia popular y de la unión me quedó para siempre en la memoria…

Así poco a poco, el barrio iba mejorando. En la siguiente carta voy a resumir las distintas obras realizadas en el barrio desde el año 1.969 en que llegué, hasta 1.984 que regresamos a España.

NOVENA CARTA: UN BARRIO ORGANIZADO

Queridísima hija Irune:

Esta carta es un poco el resumen de los 15 años que dediqué al Barrio Los Monos. De 1.969 a 1.984. Perdóname que, tal vez, repita algunas acciones que he mencionado en otras cartas.

LOS COMIENZOS

Sabes que llegamos a Puerto Ordaz el mes de Julio del año 1.969. Digo: llegamos... sí, Alfredo Sardi, estudiante jesuita venezolano y el que te escribe. El Padre Rector del Colegio Loyola nos asigna al Barrio Los Monos y como residencia, al abandonado Centro Padre Palacios. El Arzobispo de la Diócesis nos hizo saber que le disgustaba mi presencia: me suspendió "A DIVINIS" sin siquiera conocernos. Después de conseguir una prórroga, me advierte que no quiere un sacerdote–obrero. En fin que no podía ganarme el pan en una fábrica. A Alfredo no se lo prohíbe y a las pocas semanas consiguió un trabajo en un taller.

Yo me dedico a tomar contacto con el barrio. Camino por él. Por supuesto no iba de sotana, ni tenía ningún distintivo propio de cura. Voy visitando rancho por rancho. Conozco poco a poco a las familias más cercanas. Charlo con ellas. Me doy cuenta de las condiciones en que viven. Ranchos de zinc, tablas y cartón piedra. Ventanas pequeñas y escasas. Separaciones dentro de la vivienda. Cortinas en vez de puertas. Muchas con piso de tierra. Un fondo de patio reducido, algunas con un bidón de agua cubierto con una tabla y un cuartucho pequeño con un agujero en el suelo para las necesidades fisiológicas. Es lo que llaman: una letrina. Colgados de los palos unos chinchorros. Algunos tenían un televisor y otros un ventilador. Y ocho personas viviendo en 25 m^2. De ellas, cinco, son niños.

Formar una comunidad en este medio social-económico-moral, no es fácil. Es una labor lenta, invisible, poco mensurable, sin patrones que copiar.

La vida de uno va haciendo su trabajo: es una siembra sin saber si dará buena o mala cosecha.

Ponernos al servicio de todos ellos, preocupándonos por los problemas del barrio, nuestro trabajo lento en sus casas, mejorando sus condiciones, acompañando a los enfermos, haciendo deporte con los jóvenes… Todo esto y mucho más, era como el lazo de unión en el barrio. Más que la sotana o la misa.

En los ratos libres comencé a fabricar, con tablas encontradas en los desechos de basura: bancos, taburetes, mesas, ventanas, puertas, etc. Al principio lo hacía gratis. Después me daban algo, lo que podían o creían. Más tarde comprando mejores herramientas, y con la colaboración de algunos jóvenes, montamos una carpintería elemental. Y nos iban encargando nuevos muebles.

Recuerdo a un dueño de una sastrería que nos trajo seis máquinas de coser eléctricas que tenían el mueble de madera estropeado. Para entonces teníamos un tesorero que cobraba a los clientes y pagaba los salarios de acuerdo a las horas trabajadas y a los hijos que tuvieran. Le reparamos los muebles, el tesorero cobró lo convenido y cuando el sábado íbamos a recibir el sueldo, el tesorero no llegaba; fueron a buscarle a su casa y nos dieron la mala noticia que se había ido la noche anterior. Eso acabó con la carpintería.

¡Semilla inútil!

Por este tiempo surgió la idea de hacer en el barrio un curso de corte y confección: Sonia Salazar y Nieves Rivas fueron el alma del curso y del taller que montaron.

Frente a la escuelita Padre Palacios, había unos terrenos llenos de "monte[40]". Un día dijimos: si lo limpiamos y arreglamos tendremos una buena cancha deportiva. Chan fue el alma junto con Alexis, Omar Salazar y otros. Hasta culebras encontramos dentro… Nivelamos un poco el terreno, rellenamos los huecos y un día la inauguramos, pintando con cal los límites, etc. ¡Menudas partidas de futbol jugamos ahí! Estaba naciendo el Club Juvenil del Barrio Los Monos.

LA INTEGRACIÓN

Mientras tanto seguíamos dándonos a conocer en todos los rincones del barrio. Me encargaban oficios religiosos, como misas, funerales, etc. Pero nunca en mi vida he cobrado por un servicio religioso… recuerdo que una vez una viejita me encargó una misa de funeral por su esposo muerto hacía tiempo. Le dije la misa, efectivamente, y al terminar se

---

[40] Monte = Vegetación alta

acercó a darme diez bolívares. Le expliqué que no los aceptaba, que una misa no se puede pagar con nada, y que ella los necesitaba más que yo, etc., etc. Ella insistía, pues si yo no los recibía no serviría la misa. Entonces le dije: mire, señora, vamos a visitar en ese ranchito a una familia que está sin trabajo, con cinco hijos y se los va a dar a ese niño en nombre mío. ¿Así quedará satisfecha?

—Sí, me dijo.

Fuimos y se los dio y los tres contentos. Entonces me dijo la viejita:

—Ahora sí que va a valer la misa, padresito. Muchas gracias.

Para mi sustento, después del fracaso de la carpintería me puse a aprender el oficio de tejedor de sillas de mimbre.

No acudí a ninguna escuela de oficios, ni nada. Cuando veía una butaca tejida con mimbre, me fijaba en los detalles más difíciles y así, poco a poco, fui aprendiendo el arte de tejer. Recuerdo que en los viajes a Caracas, en todas las paradas que hacía el autobús, observaba la técnica empleada en las sillas que veía, o en adornos y combinaciones que tenían. Pues bien; este trabajo me dio de comer hasta septiembre de 1.973 cuando el director de un Liceo de San Félix se presentó en mi ranchito a ofrecerme 4 clases de latín a la semana durante dos años.

Acepté; pues así disponía de más tiempo para luchar por el barrio.

En ese momento ya habíamos decidido Alfredo y yo comprar un ranchito destartalado con un fondo de terreno que estaba en venta, ubicado más abajo, junto al río Caroní. No fue difícil la mudanza. Era una construcción de madera, cartón piedra y techo de zinc, como todos. Preferimos dejar el

Centro Padre Palacios, hecho de ladrillo y piso de cemento, para la escuelita gratuita, la farmacia, el club juvenil, los talleres y para usos comunales que pudieran crearse más adelante.

PRIMERAS REIVINDICACIONES

En cuanto a los logros arrancados y obtenidos de las autoridades destacamos los siguientes:

Una escuela nueva. La C.V.G después de muchas cartas, visitas, reuniones con los vecinos, etc. edificó una hermosa escuela para 500 niños: la Escuela Roraima. ¡Dos años de lucha! Posteriormente conseguiríamos que en ese mismo centro, por las tardes, abrieran un Liceo, el Ciclo Básico Común Joaquina Sánchez. Así los niños no tenían que salir del barrio hasta terminar el segundo curso de bachillerato. Aún conservo una carta que indica la lucha que tuvimos.

Ciudad Guayana, 5 de junio de 1.974

Dr. Celestino Mendoza
Sub-Gerencia de Desarrollo Urbano
C.V.G. Ciudad Guayana.

Estimado amigo: Nosotros, los abajo firmantes, atentos a la Escuela y áreas limítrofes, que construye esa Corporación en nuestro Barrio Los Monos, nos hemos dirigido a Ud. en repetidas ocasiones para hacerle algunas observaciones a fin de que el complejo satisfaga nuestras necesidades básicas.

Esta vez, queremos solicitar de su atención tres puntos que creemos graves e indispensables:

Primeramente queremos recordarle que Ud. prometió delante de la comunidad, construirnos una calle por la parte nordeste de la citada escuela entre la cerca y la hilera de casas que existen por esa zona. Eso se lo oímos todos. Nos hemos reunido y estamos dispuestos a solicitarle el cumplimiento de su palabra aunque para ello tengamos que tumbar una serie de matas (árboles) que plantamos frente a nuestras casitas, sin pedir indemnización alguna. Son unos 60 m. de calle que urgidos por nuestros enfermos y la necesidad de igualar ese rincón con la belleza de la Escuela, se lo sabremos agradecer. ¡Por favor, le pedimos que completen esa calle!

En segundo lugar, queremos prevenirle que de no prolongar el canal de cemento por punta y punta hasta el río, los caudales de agua que se aproximan van a causar desastres en las viviendas limítrofes y nosotros no queremos ser en modo alguno los responsables de las desgracias que ocasionará en bienes y personas. ¡Por favor, le pedimos que completen el canal!

En tercer lugar no hemos visto hasta ahora (tal vez por la lentitud de la obra...) que hayan comenzado la construcción de las canchas deportivas en la zona que solicitamos de la Orinoco Mining Company y en el área que talamos junto al río por sugerencia suya. ¡Por favor, le pedimos que nos doten de canchas deportivas!

Sabemos en el Barrio Los Monos, que gracias a su decisión, estamos recibiendo las primeras atenciones, es el barrio más antiguo de Puerto Ordaz. Esperamos que si comenzaron sin presupuesto, ahora renovado y mejorado este año, podrán, no sólo cumplir lo prometido sino completar lo previsto para bien de más de 6.000 habitantes.

Esperamos, pues, la calle completa, el canal completo, y las canchas deportivas para formar jóvenes completos.

Siempre vigilantes y a su servicio,

Por esos tiempos el INOS, Instituto Nacional de Obras Sanitarias, nos pasó una carta exigiendo a todos los vecinos que debíamos pagar los recibos atrasados del agua de unos diez años atrás. De lo contrario, nos cortarían el agua a todo el barrio. Nos movilizamos y quedó arreglado el asunto.

Andando a saltos por las calles del barrio observamos que había un sector en pésimas condiciones. Las aguas negras corrían por encima de las calles dejando charcos, malos olores, ratas muertas, cucarachas, moscas y humedades dentro de los ranchos. Era terrible.

En esos primeros años morían 4 niñitos cada mes. Daba pena, lástima, dolor, enterrar a unos niños barrigones que habían estado correteando y jugando por las miserables calles. Las madres desconsoladas decían: "Dios me lo dio, Dios me lo quitó". No podía creer yo en la fe de esos seres que achacaban a la crueldad de un Dios la vida de sus hijitos… ¡Tenemos que hacer algo! Aparte de enterrar y consolar a esos vecinos. ¡Todos somos culpables de sus muertes!

Iniciamos reuniones con los habitantes del sector que estaba en peores condiciones. Visitas, cartas y entrevistas con los directivos del INOS y del Concejo Municipal.

Por fin el 23 de Diciembre de 1.973 comenzamos a hacer las zanjas. Otros vecinos hacían colectas. Otros llevaban refrescos a los trabajadores. El día 5 de enero del año 74 estaban ya preparadas para recibir las tuberías de cemento. El 21 de enero nos las trajeron e instalamos. Unas de 20 cm de diámetro, otras de 10 y las 14 tanquillas con sus tapas de cemento. El 9 de febrero, es decir, en 33 días de trabajo el barrio colocó casi 400 m de tuberías de cemento llevándose las aguas negras de unas 20 familias hasta el río Caroní o hasta una laguna. La comunidad aportó 869,25 bolívares, más la mano de obra. Tres vecinos que conocían el oficio y estaban desempleados dirigieron el trabajo y recibieron una gratificación de toda la comunidad.

Una experiencia de trabajo comunitario de dos meses en plena concordia, en un pequeño sector del barrio.

MI VIDA, LA JERARQUÍA DE LA IGLESIA Y MI LIBERTAD

En septiembre de 1.975 se trasladó el ciclo de humanidades de San Félix a Puerto Ordaz. Así que me trasladaron al Liceo Óscar Luis Perfetti. Me venía más cerca. Caminando eran 15 minutos. Pero me dieron más horas de clase. Bueno, tenía más ingresos para poder ayudar a la gente. No tenía una libreta de ahorros. Mi cuenta corriente eran mis vecinos y amigos, la causa de los campesinos y los barrios. En otras palabras, invertía mis ahorros en los demás. Y así era feliz. Claro que mi salud fue empobreciéndose. El estómago me pasó factura varias veces con dolores y cólicos. Tuve que ir al consultorio gratuito que tenía el Dr. Eleazar Bruzual del partido comunista y compañero de luchas. La dentadura me causó serios problemas. Una tarde acudí desesperado a un sacamuelas del Barrio José Gregorio Hernández a que me sacara una muela que no me permitía vivir. Recuerdo que su casa era un ranchito y a la luz de una bombilla rodeada de telarañas y sentado en una silla de palo desvencijada me arrancó ese dolor. Esa noche dormí. Años después tuve que "despiezarme" toda la boca. ¡Fuera dolores y flemones!

Seguía tejiendo alguna silla de mimbre, pero mi trabajo físico estaba en hacer zanjas, meter tuberías y mejorar las condiciones de salubridad del barrio. Una vez vino el párroco de la localidad de El Pao para pedirme que le sustituyese en sus días de vacaciones y me encontró metido en una zanja, sin camiseta, sudoroso y lleno de barro. Recuerdo todavía el punto exacto. Al poco tiempo ya lo sabía el señor Arzobispo: "En vez de estar dando catequesis a los niños…" En fin, que mi situación y vida fue empeorando, sobre todo después de las dos huelgas de hambre que inicié en apoyo de unos vigilantes y de unos campesinos.

Otro día metí la pata pues accedí a realizar un bautizo colectivo en una zona campesina. En vez de cursillos previos, les iba explicando el sentido de todo el ritual, paso a paso. Al final vinieron con sus 10 bolívares a pagarme. Rechacé el pago, como siempre; y un campesino se me acercó y me dijo: "Padresito, ahorita sí está bautizada mi niña"… "En el otro bautismo no entendí nada, y encima me quitaron 10 bolívares"

—Pero bueno, amigo. ¿es que ya la había bautizado antes?

—Pues claro; pero no quedé contento. Por eso se la traje a Ud.

A pesar de mis explicaciones de que sólo se puede bautizar una vez a las personas, él salió feliz con su niña rebautizada y sus diez bolívares.

En las reuniones mensuales con Monseñor me encontraba cada vez más aislado y menos apoyado. Las críticas a mi labor crecían y crecían… había rechazado dos invitaciones a ir como candidato a las planchas para el Concejo Municipal, "porque el sacerdote no puede meterse en política"... Pero yo conocía a dos jesuitas de Caracas que eran capellanes del partido COPEI, asesores y amigos de Rafael Caldera, su líder.

Llevaba nueve años trabajando como sacerdote jesuita, torpedeado por tres arzobispos en sus archidiócesis y expulsado de ellas; no apoyado por los jesuitas a excepción de valiosos amigos de Caracas, desanimado de poder conseguir transformar desde dentro algún día, a la Compañía de Jesús y a la Iglesia. Con este panorama decidí —después de una larga reflexión serena— solicitar a la Santa Sede la reducción al estado laical con la liberación completa de las obligaciones inherentes al estado sacerdotal. Fue una larga carta, de tres pliegos y medio, muy profunda y meditada.

Esperé mucho para dar ese paso; algunos me decían, que demasiado. Pero quería darlo, muy seguro y convencido. El 10 de febrero de 1.977 salió para Roma mi solicitud. Poco después me llegó una circular impresa, con los espacios vacíos rellenados a máquina, en la que me concedían la reducción al estado laical: o sea que ya era libre: ¡LIBRE! Ya no tenía que dar cuenta al Obispo, o al Rector del Colegio de nada... Había estado mucho tiempo como con una censura interior constante: ¿qué dirá el Obispo, qué le parecerá a los curas estar cavando una zanja? ¡A la porra! Ahora solo mi conciencia, los pobres, los campesinos, el barrio, etc. ¡LIBRE!

El 28 de Mayo conocí en Caracas a Mª Carmen y casi un año después los vecinos del barrio se encargaron de organizar nuestra boda en la capillita del barrio. Fue un acontecimiento popular increíble ese día 28 de enero de 1.978. Yo no tuve que preocuparme de nada. Y no faltó de nada. Ni siquiera el Vals de El Danubio Azul. Después, mi desastroso baile con Mª Carmen rodeados por todos los vecinos y amigos de otros barrios que acudieron a desearnos la felicidad que disfrutamos treinta años después.

Y las luchas seguían en el barrio porque los problemas graves vivían entre nosotros. Pero ahora estaba acompañado…

CONTINÚA LA LUCHA

El alumbrado público era un desastre. Una farola acá, otra en el centro fundida la mayor parte del tiempo y otra anémica al final de una calle de 200 metros. Otras callecitas sin ninguna luz. Pero lo peor no eran las calles oscuras, eran los continuos apagones en nuestros hogares. Por eso nos habituamos todos a tener las velas en las casas, los candiles, las linternas, etc. Lo más grave lo sentíamos en nuestras neveras y aparatos de sonido. No solo porque perdíamos la comida o se interrumpía la música o la televisión, sino porque después de un apagón venía —cuando venía— un arranque de luz con una intensidad descontrolada que quemaba varios electrodomésticos en el barrio. Y problema sobre problema.

Nos cansamos de acudir a hablar con la Compañía Eléctrica CADAFE: con los directivos, con los encargados… ¡Con TODOS! El tendido eléctrico del barrio es muy viejo, hay que cambiarlo completo, hay que colocar dos transformadores nuevos, hay que, y que, y que… Tuvimos trece entrevistas con ellos. Al fin, a la calle.

Hicimos unas colectas. Fraguamos un plan de protestas públicas. Salir a la calle… ¡Ya está bien! Compramos metros de tela blanca, botes de pintura, brochas, pinceles, cuerda.

Todavía conservo el reportaje de un periódico local "EL EXPRESO", del 13 de mayo de ese año 78. El reportaje gráfico aparece en una enorme pancarta que reza así:

CADAFE. LES AGRADECEMOS MÁS APAGONES.
PEOR SERVICIO Y MÁS OSCURIDAD.
BARRIOS LOS MONOS Y PUERTO LIBRE.

Después de que toda Ciudad Guayana leyera esa y otras pancartas colocadas estratégicamente, un día vimos llegar a unos técnicos de CADAFE en una furgoneta y corrió el rumor de que iban a colocar un tendido eléctrico nuevo, el alumbrado de las calles y nos dimos cuenta que: "el que no llora, no mama". Una buena luz, no más apagones, y una gran lección.

El día 16 de octubre leímos en "EL CORREO DEL CARONÍ", la frase siguiente: "Oponerse al progreso de la Comunidad es un crimen…" entre otras lindezas. El periodista se hacía eco de los rumores crecientes en la clase gobernante de que todo el Barrio Los Monos y otros dos más que bordean el río Caroní, debían desalojarse y reurbanizarse.

En otras palabras, Los Monos debía desaparecer, para poder inyectar nueva savia saneadora a la zona. Nuevas avenidas, modernos edificios, un amplio "Boulevard" bordeando el Caroní, desde el club náutico hasta conectarlo con el futuro puente de Angosturita. Sólo así podría "sanearse" Castillito.

El día 21 del mismo mes, en el mismo diario, yo le contestaba al autor:

"En todo este ambicioso proyecto millonario, vemos de su gran deseo de salir por las tardes a pasear a la ribera del Caroní sin la presencia de "roedores, insectos u olores ofensivos…"

Pero amigo de su progreso. Y la gente que vivimos en esta zona de la comunidad —miles de personas— ¿dónde vamos a ir a parar; los que han hecho posible la urbanización donde Ud. vive, las fábricas en donde trabaja, los supermercados de cristal que Ud. frecuenta y las autopistas por donde corre? ¿Nosotros no cabemos en su progreso? ¿Por qué no nos toma en cuenta? Porque no tenemos una cédula de identidad o porque somos unos vagos, o unas alimañas de monte. ¿Por eso nos quiere desalojar de su Comunidad?, porque no pertenecemos a esa élite burguesa, dominante, que hace y deshace en su ciudad…"

Y concluía ese primer artículo:

"El que quiera preguntarle al periodista, ¿quién se opone al progreso de la Comunidad de Los Monos? ¿Quién desea borrarnos del mapa y construir en esa hermosa zona marginal, súper bloques o quintas millonarias con vistas al río? Porque según Ud. esa persona o personas —que se oponen al progreso de la Comunidad— son criminales y en un estado de derecho a los criminales se les enjuicia y si son culpables se les condena. Nosotros reclamamos ayudas para construir cloacas, aceras, acueductos, calles, canchas deportivas, parques, escuelas… para mejorar nuestras condiciones de vida y PROGRESAR."

El agua potable era un gran problema. Existían varias fuentes públicas en zonas estratégicas del barrio. La gente se compraba mangueras de plástico, las enchufaba en la fuente y llenaba su bidón de agua particular para la casa. Esa era el agua para beber, cocinar, lavar, bañarse y limpiar la vivienda. Las peleas surgían en las fuentes: que ahora me toca conectar mi manguera, que yo llegué antes… Agua en las casas, con un grifo, una ducha… ¡eso era un sueño! Por eso fue un problema permanente y poco a poco sector por sector, calle por calle, casa por casa se fue solucionando. Pero la presión del agua era cada vez menor.

Recuerdo que un grupo de vecinos del barrio nos impusimos una empresa importante: Una nueva acometida de agua para su zona. Como no nos hacían caso a las diversas comisiones del barrio, un día invadimos el INOS (Instituto Nacional de Obras Sanitarias) con niños, mujeres y hasta perros sedientos. Tuvo que bajar el gerente al barrio y sudando como estaba pidió agua y ante su asombro vio que no había ni una gota en varias casas. Nos dieron el permiso para ir a buscar nosotros los tubos al depósito. Pagamos un camión, los cargamos, cavamos las zanjas, instalamos los tubos y desde entonces nos llega más agua a ese sector.

Por eso en "EL CORREO DEL CARONÍ" del 9 de abril de 1.979 una periodista nos hizo un reportaje sobre el barrio y el final de una serie de obras realizadas. Dice:

"Los vecinos de Los Monos constituyen un ejemplo de comunidad bien engranada que no se conforma con esperar las soluciones del Gobierno, sino que acometen por sus propios medios el comienzo de las soluciones de los problemas que les aquejan."

UN EX-CURA CONCEJAL

En junio del 79 hubo elecciones municipales y gracias a la unidad, los partidos y grupos de izquierda conseguimos entre todos dos concejales. Con la ayuda de Oswaldo Ramírez, Ramiro Molina, Ignacio Vera y Yanet que nos asesoraron y acompañaron para formar el PAC (Pueblo al Concejo) entramos dos representantes elegidos directamente por los vecinos de los barrios al Concejo Municipal. Nuestro período de permanencia en él fue de dos meses y cuatro días proporcionales a los votos obtenidos.

Un mes después enviamos al Concejo Municipal una carta pidiéndoles ayuda para una serie de reivindicaciones: asfalto de las calles, saneamiento, limpieza, aseo urbano y la construcción de un puentecito sobre una zanja de aguas negras que atravesaban la calle La Rinconada. Pasaron los meses y nada. Cartas. Comisiones… bla, bla, bla. Aquí están las fechas:

El 5 de octubre son aprobadas las obras en Sesión Ordinaria del Concejo. Unos días después pasó por el barrio Ignacio Pérez, representante de ese Organismo, con cuatro contratistas. Nos aseguró que para el 15 de noviembre nos daría la fecha exacta del comienzo de las obras. Nos dijo que en el primer trimestre del año 80 estarían terminadas. Que el Concejo había aprobado un presupuesto de 430.000,00 Bolívares

En febrero fuimos a visitarle y nos aseguró que el 3 comenzaban. El día 3 que el 10. El 10 que el 17. El 17 que para el 30 de marzo. Pasó el 30 de marzo y nada. Regresamos el 31 y nos volvió a asegurar que el martes 8 de abril nos mandaba las máquinas ¡sin falta!. No se preocupen.

Volvimos el 14 a esperar como siempre dos o tres horas en su antesala. Nos dijo que para el miércoles 16, sí era seguro…

El 28 de abril hicimos una Asamblea de Vecinos. Sacamos un comunicado para la radio, para las Autoridades regionales y nacionales y para todo el mundo y entre otras cosas decía:

"Ya está bien de "mamadera de gallo[41]", de demagogia, de agarrar a los demás por tontos, como si no tuvieran oficio… Lo que nos molesta es su MENTIRA. Creíamos en su seriedad… Pero esta Asociación solicita su destitución. Habrá prioridades en otros barrios, pero la incapacidad programática y la reiterada falta de seriedad con el pueblo, no la aceptamos"… (28-04-1980).

¿Quién se quedó con el dinero presupuestado para las obras del barrio Los Monos (430.000,00 bolívares)?

En el Cabildo, la izquierda tenía 2 ediles que nos apoyaban, pero la mayoría era de derechas: 3 adecos y 4 copeyanos (de Acción Democrática y de COPEI).

Como el barrio no se rendía, nos propusimos hacer nosotros mismos el puentecito en la calle La Rinconada. Colectas, visitas a ferreterías, a empresas… Charlas con dos padres

---

[41] Mamadera de gallo: Tomadura de pelo

de familia afectados, albañiles en el paro y que pertenecían a la Asociación. Por un pequeño sueldo se comprometían a hacer el puentecito antes de 15 días. Eugenio Jiménez y Jorge Cuárez cobraron al final de la obra. El resto de los vecinos colaboró también físicamente. Los materiales empleados fueron: 92 sacos de cemento; 2 camiones de granza[42]; 3 camiones de arena; hierro, tubos y piedra gruesa. Los periódicos reseñaron la noticia gráfica y literalmente. Menos de 20.000,00 bolívares fue el coste total. ¿Para qué queremos el Concejo Municipal? ¿Para qué pagamos impuestos?

Pero la conciencia crítica se está fraguando. ¿Qué hacemos con unos gobiernos que se turnan cada cinco años mientras el barrio espera por el arreglo de sus calles, etc.?

El 14 de octubre de este año 1.980, el periódico local "EL BOLIVARIENSE", en la página 10 publicaba el siguiente reportaje:

> LOS MONOS: Una Comunidad que se une para solucionar sus problemas. Trabajaron el fin de semana para instalar una tubería de mayor diámetro que aumenta el caudal de agua.
>
> "Puerto Ordaz. Octubre, 12. Antonio Segura. – La Comunidad del Barrio Los Monos del sector Castillito llevó a cabo este fin de semana la instalación de una tubería de mayor diámetro que le permitirá disfrutar de un mayor caudal de agua para la barriada. –
>
> Los habitantes del barrio en una acción conjunta con el Concejo Municipal que aportó las máquinas para abrir las zanjas, con el INOS que suministró los tubos,

---

[42] Granza: Piedra Picada

mientras que la comunidad los colocaba, consiguen así un mayor torrente del preciado líquido y acabar con el problema que desde hace años vienen padeciendo... pues el agua les llegaba por cuentagotas...

Esta acción conjunta fue impulsada por la Asociación de Vecinos... acompañada por todos los habitantes del barrio: las muchachas, los chicos, los hombres, las mujeres y hasta los ancianos. Braulio, José Sánchez (el Pelusa) y otros orientaron las obras. Los trabajos se llevaron a cabo con el entusiasmo y la mística de una comunidad dispuesta a enfrentar los problemas que le acogotan con miras a solucionarlos."

Y el pie de las fotografías tomadas dice así:

"Manos a la obra. Toda la Comunidad trabaja para su propio beneficio". "Las muchachas también colaboraron". "Las gráficas evidencian la obra realizada..."

En una circular que repartimos por todo el barrio están todas las aportaciones que hicimos en la primera y segunda colecta, desde la donación de mi sueldo de concejal 7.142,10 bolívares – que decidimos Mª Carmen y yo pues con mi paga de profesor teníamos suficiente... – pasando por las donaciones desde 300,00, 200,00, etc., hasta la de una viejecita que se quitó de la boca para colaborar, con 2 bolívares. "Total recolectado 12.235,10 bolívares. Gastos facturados, traída de tubos, otros gastos, etc.: 8.720,10 bolívares. El saldo favorable de 3.515,00 bolívares ha sido entregado como colaboración a los trabajadores de la obra". Noviembre, 1980.

Pero las obras de fontanería menor o particular comenzaban ahora. Aducciones de agua para cada grupo de casas. Y dentro de cada casa, para el fregadero y para el baño. La Junta adquirió dos "terrajas[43]" que todo el mundo aprendió a manejar. Además puso a disposición de la gente un banco con prensas y con tornillos para sujetar los tubos y hacerles la rosca. Cómo se pedían el turno unos a otros cuando ya habían comprado los tubos…

—Oye vecino, ¿nos ayudamos para instalar el agua?

—Este fin de semana ya habré comprado los tubos, los codos, las llaves y las "T" que necesito, vale. Además ya he pedido la vez para usar las terrajas…

La gente tenía agua en la casa "con el sudor de su frente y no del de enfrente".

Además ya gozaban de una motivación para emplear el sueldo y ponerse el agua, y menos para echarse las cervezas…

Y así las casas iban teniendo paredes de ladrillo, cocina, baño, ducha… ¡AGUA CORRIENTE!

Todo este cielo azul se fue cubriendo de nubarrones pues renació otro gran problema. Las cloacas.

Las calles se llenaron de corrientes o ríos de aguas negras. Los pozos sépticos, que habían servido hasta ahora con los nuevos cuartos de baño, se rebosaron en muchas partes y cada uno se sacudía las moscas hacia otro lado, como podía.

Este problema no fue de repente. ¡Menos mal!

Nos golpeó, eso sí, el caso del señor Francisco Guerra, miembro de nuestra Asociación.

---

[43] Terrajas: Aparatos que sirven para hacer roscas a los tubos de hierro de distinto diámetro.

Don Chico, como le conocemos cariñosamente, ha despuntado en nuestra Comunidad como gran maestro de la pintura naïf (pintura ingenua). Ha participado en dos exposiciones, una en el Colegio de Ingenieros durante las Segundas Jornadas Culturales de Ciudad Guayana, y la otra en la Casa de la Cultura de San Félix. Ahora gradualmente va perdiendo la vista en el único ojo que la tiene, por culpa de unas cataratas que le están impidiendo pintar y vivir de la venta de sus cuadros. Mora en un pequeño ranchito contando con la ayuda del barrio.

No puede seguir así. Tratamos con la Seguridad Social para que le operasen pero después de varios meses de citas postergadas indefinidamente, nos atrevimos a acudir a una clínica privada de la zona, en donde un doctor se ha ofrecido para operarle el martes uno de diciembre sin cobrarle nada por sus honorarios, pero los servicios de hospitalización e implementos para la operación se tienen que abonar.

Por esta razón, el 18 de noviembre, acudimos otra vez a pedir la colaboración pública para que entre todos le entreguemos a Don Chico un hermoso regalo navideño: poder pintar de nuevo con la ilusión de alguien que vuelve a ver iluminada su vida. Y firmaba la petición la Junta Directiva de la Asociación de Vecinos del Barrio Los Monos.

Menos de un mes después el propio Francisco Guerra sacó un comunicado que se regó por todo el barrio y parte de la ciudad.

"… quiero manifestar mi profundo agradecimiento a aquellas personas y entidades que han contribuido para que la operación de mi vista se haya hecho realidad. Gracias a Dios y a ustedes he vuelto a sentir la belleza que encierran las pequeñas cosas que rodean nuestra vida, y una inmensa felicidad me invade pensando que dentro de poco podré expresarla en mis pinturas…

… Aunque la plata (el dinero) no es lo más importante en la vida, quiero agradecer a todos los que colaboraron con poco o mucho y doy fe que todo esto me ha sido entregado a través de la Junta de Vecinos del Barrio Los Monos a la que estoy muy agradecido.

A continuación dejo constancia pública de las siguientes personas a quienes estaré agradecido toda mi vida por haberme devuelto la vista:

–Dr. Antonio Quijada Mata, el médico que me operó tan desinteresada y perfectamente.

–Dr. Jesús Cedeño que colaboró gratuitamente con los exámenes de laboratorio.

–Dr. Roberto Todd, director de FUNDEC, cuya institución pagó los gastos de hospitalización.

Y siguen 11 instituciones, personalidades, pintores, y profesores, además de 28 vecinos que aportaron entre todos la suma de 4.470,00 bolívares.

El total de estas donaciones monetarias me permitirán próximamente volver a reanudar mis pinturas y poder vivir de mi arte. Muy agradecido y FELICES PASCUAS A TODOS. Su amigo, Francisco Guerra."

Pero no todas las empresas resultaron tan exitosas y satisfactorias en este año. Aunque la pelea contra los bares y prostíbulos se inició desde nuestra llegada al barrio, además de que fuimos consiguiendo marginarlos de las calles principales, quedó una zona alejada y escondida de la vida diaria, un sector que ya se sabía qué era y quiénes lo visitaban. Era la calle de Los Siete Bares.

La lucha frontal se enconó, cuando las autoridades educativas regionales y locales hablaron de cerrar el ciclo básico común Joaquina Sánchez, con los dos primeros años de Bachillerato, que funcionaba por las tardes en el Grupo Escolar Roraima de nuestro barrio, por falta de cupo.

Al dialogar con las autoridades resulta que la causa eran los bares y prostíbulos del Barrio Los Monos. Por culpa de éstos, muchos padres ya no enviaban a sus hijos al centro educativo. Los inscribían en otros centros. Por eso la matrícula escolar del Joaquina Sánchez bajó tanto que para el curso 81-82 no había alumnos suficientes.

Los bares, los prostíbulos, los lenocinios y las casas de citas, los traficantes de más baja ralea podían con las autoridades educativas, policiales y del orden. ¡Era el colmo! Iniciamos —de nuevo— una campaña contra los bares. Al principio la Prefecta del Distrito Caroní, Oxford Yrureta, reaccionó con valentía: Cerró muchos lenocinios, luchó contra las prostitutas y contra quienes trabajaban con ellas. Se calculó que había unas 2.000 en ese sector de Castillito ejerciendo de camareras y meretrices. En el interior de muchos bares han ocurrido hechos de sangre y muertes; se dijo que existía un comercio de drogas y una red de trata de blancas, etc.

De pronto, toda esta campaña se terminó. Aseguran algunas voces que a la Prefecta la desinflaron. Los burdeles reabrieron sus puertas y con más descaro aún: de día y de noche. Los vecinos de esas casas, decían: "Si te quieres pagar una nevera, llénala de cervezas y véndelas al público. Pronto tendrás la nevera pagada"

La ley seca inicial se ahogó. Hasta menores acudían por allí. Claro, los padres no matriculaban a sus hijos en el Instituto si tenían que cruzar por esas tentaciones.

Denunciamos esta situación intolerable. Visitamos a las autoridades otra vez. Reportajes en la prensa como uno que conservo de "EL CORREO DEL CARONÍ" del día 24 de junio de 1.981, firmado por el periodista Carlos Colina Yánez denunciando todos estos extremos.

Simón Bolívar decía: "Moral y luces son nuestras primeras necesidades". Y con esa bandera bolivariana logramos hacer retroceder esa marea roja. Nunca pudimos del todo con ella. Pero el Grupo Escolar no se cerró. Fue un triunfo parcial.

LA OBRA CUMBRE: LAS CLOACAS

El 22 de enero de 1.982, después de realizar una serie de reuniones sectoriales, publicamos el siguiente comunicado:

"La Comunidad del Barrio Los Monos, queremos dar a conocer a las autoridades y a la opinión pública nuestra FIRME DISPOSICIÓN de construir en este año LAS CLOACAS para el resto del barrio.

Por eso, a través de la Junta de Vecinos ASOMON, nos estamos preparando, organizando y planificando las obras pues nuestra decisión es firme: "Iniciar, por fin, en este año 1.982 la construcción de las cloacas con la ayuda del gobierno." La antigüedad del barrio y el número de familias que aquí residimos nos da el derecho a hacer realidad el viejo sueño e imprescindible necesidad de toda comunidad.

Contamos con la ayuda desinteresada de algunos miembros del Colegio de Ingenieros, sección Guayana... nos hemos dirigido a los organismos que consideramos competentes: C.V.G, Gobernación del Estado, Concejo Municipal e I.N.O.S con la finalidad de pedirles asesoramiento, materiales y maquinaria necesarios para las obras y así cooperar con nosotros para lograr realizar conjuntamente tan importante tarea...

... Esperamos de las autoridades una rápida respuesta positiva y así comenzar las obras en febrero y culminarlas antes de la venida de las lluvias, cuando empieza a crecer el río Caroní. El desnivel de las aguas de verano a invierno podía alcanzar los 15 m.

... Esta comunidad... tiene una historia de luchas constructivas y de progreso: Conseguimos la escuela nueva y el liceo; construimos el acueducto en tres etapas; logramos un nuevo tendido eléctrico; el asfalto de las calles; edificamos nosotros mismos un puente; realizamos Jornadas Culturales continuamente; tenemos una Cooperativa de Servicios Comunales; reparamos un barco nosotros mismos con el que bajamos al Delta del Orinoco a traer alimentos a precios económicos; existe un activo Club Juvenil; en Navidades conseguimos juguetes y ropas para todos los niños...; homenajeamos a las madres en su día... y por todo esto creemos que nos merecemos esta colaboración de las autoridades para construir también nosotros mismos LAS CLOACAS... Así habitaremos un barrio digno de los trabajadores que vivimos en él..."

El 27 de Enero de 1.982 salió un reportaje en "El CORREO DEL CARONÍ" página 4…

"Todos los habitantes de Los Monos han hecho sus propias calles y construido un puente con sus propias manos; han llevado el agua hasta los más escondidos ranchitos de la zona y ahora tienen ante si un reto: que la Gobernación del Estado o el Ilustre Concejo Municipal de Caroní o la C.V.G. o el I.N.O.S. suministren los materiales necesarios para recoger las aguas negras… Ellos colaborarán con la mano de obra. Esta hermosa gestión de los habitantes del barrio Los Monos no debe quedarse en el papel. Los organismos competentes deben auxiliarlos de inmediato. Son unos 7.000 habitantes quienes reclaman esta ayuda oficial; siete mil voluntades dispuestas a sacrificar sus horas de descanso para vivir sin la angustia de que las aguas negras puedan afectar la salud de los niños…"

El titular de otro periódico local "EL PUEBLO" ese mismo mes decía: "Los habitantes del Barrio Los Monos, quieren construir sus cloacas." Y explicaban cómo nos habíamos dirigido a todas las autoridades competentes solicitando su cooperación y que el Colegio de Ingenieros ya la había concedido. Y rezaba así en uno de sus párrafos: "Esperamos y confiamos en la respuesta positiva de las autoridades del Estado para comenzar la obra."

En el mes de febrero recibimos una carta de Eduardo Castañeda, Gerente de Desarrollo Social y Cultural de la C.V.G. dando su apoyo al proyecto y manifestándonos su simpatía por el esfuerzo que ASOMON venía desarrollando para incrementar el bienestar de la Comunidad.

En vista de su buena disposición le solicitamos 20.000,00 bolívares para sufragar parte de los salarios de los diez trabajadores del barrio que coordinarían y realizarían la construcción de las cloacas.

Recibimos el cheque que depositamos sin tardanza en la cuenta corriente de ASOMON en el Banco Italo-Venezolano y le comunicamos nuestro agradecimiento más efusivo.

La División de Ingeniería y Construcción de la C.V.G. en la persona del Dr. Soro nos solicitó los planos correspondientes para así pedir los materiales necesarios. Se necesitaba para hacer los planos, un levantamiento topográfico que conseguimos gracias a un aviso de prensa.

"El CORREO DEL CARONÍ" nos publicaba en marzo una nota que entre otras cosas decía:

> "Se necesita topógrafo que posea todos sus instrumentos de trabajo y... ¡Vocación de servicio! Para levantar los planos que se requieren para proceder a encauzar las aguas cloacales de esta laboriosa comunidad... Contamos con el apoyo de la C.V.G. y su buena voluntad pero no tiene topógrafos disponibles..."

Por fin en junio entregamos a la División de Ingeniería y Construcción los planos que necesitaba.

A primeros de octubre nos solicita que hagamos nueve perforaciones de un metro de profundidad en diferentes zonas del barrio.

Más reuniones con los vecinos. Se hacen las perforaciones. Y otra petición más: debemos presentarles la lista de materiales que se necesitan. El Ingeniero Simón Yegres, con la ayuda de la Ingeniera Xiomara Piñeros de la C.V.G., nos hizo la lista de materiales: Conos, cilindros, marcos y tapas de hierro, tuberías de 6, 8 y 10 pulgadas, yes, codos, cabillas, cemento…

A paso de tortuga caminaba el proyecto de autoconstrucción de las cloacas, pero con más fe que la de un carbonero. Pensamos en organizar una rifa para recaudar más fondos y tener reuniones por sectores para informar a los vecinos sobre las gestiones realizadas y para organizar las distintas comisiones necesarias para la ejecución de la obra. "Solo estamos esperando los materiales…"

Aún conservo esta "invitación": Una de tantas.

VECINO DE LA CALLE EL PROGRESO

Ante el inminente peligro de contaminación que tienen nuestros hijos y nosotros mismos, por el derrame de aguas negras que tenemos en la calle, te invitamos a una reunión para buscarle solución entre todos a este grave problema.

LUGAR: Bodega del Sr. Guzmán

FECHA: Hoy Viernes.

HORA: A las 5 de la tarde.

POR LA SALUD DE NUESTROS HIJOS…
¡ASISTE!

INVITA: La Asociación de Vecinos del Barrio Los Monos. ASOMON

Mientras tanto, el trabajo a nivel organizativo, cultural, deportivo y de formación continuaba en nuestra comunidad a ritmo acelerado.

Prueba de ello es la publicación de un evento boxístico en el periódico "EL CORREO DEL CARONÍ" el 8 de octubre del mismo año 82.

> "ARRANCA hoy distrital de boxeo en Los Monos. La Liga del Distrito Caroní, escogió como sede el Centro Cultural y Deportivo "Los Monos", ante la ausencia de instalaciones para este tipo de eventos…"

Y sin darnos cuenta casi, se acercaba la Navidad del año 1.982, año que habíamos previsto la construcción de las cloacas para el barrio. Y seguíamos con las cartas, los contactos, las visitas a las autoridades.

El 21 de enero del 83 enviamos una invitación a los medios de comunicación, a los vecinos y a otras comunidades de Ciudad Guayana, convocándoles a través de ASOMON para una Asamblea Extraordinaria en la plaza de la Cultura del Barrio Los Monos, que tendría lugar el día 29 del mismo mes.

Allí se informaría del proyecto de autoconstrucción de las cloacas del barrio, de las diligencias realizadas durante año y medio ante los organismos oficiales y los resultados obtenidos hasta el momento.

Se abriría un debate y se elaborarían las conclusiones que aprobase la Asamblea.

La Secretaria de Finanzas, Noris Cordero, repartió un par de hojas con el informe económico de la Asociación. Los ingresos, los gastos y el saldo que disponíamos para las obras: Donación de la C.V.G., más el resultado de la rifa, más otros donativos… Total 25.000,00 bolívares.

Se nombra un Comité Ejecutivo compuesto por tres miembros de la Junta Directiva para coordinar las obras; una Comisión Técnica integrada por tres albañiles calificados del barrio y al Sr. Ramón Rivera como único encargado para recolectar otros fondos para la obra de las cloacas.

El Comité Ejecutivo elegido junto con la Comisión Técnica trabajarían bajo el asesoramiento de los ingenieros Marcos Long y Jesús Mijares de la C.V.G.

Se informó, después de un sin número de visitas a la C.V.G., que el Gerente de Desarrollo Urbano nos había asegurado que la colaboración de la C.V.G. era un hecho, únicamente que esperaban la aprobación del presupuesto (200.000,00 Bolívares) exceptuando el hierro, el concreto y maquinarias. Que donarían las tuberías principales a medida que abriéramos las zanjas, pero que los ramales de las casas a las tuberías principales los debía pagar cada vecino. Que los otros elementos: conos, cilindros, tapas, etc. no entraban… ¡Y que las máquinas tampoco! Así que nuevas comisiones y visitas al Concejo Municipal, etc.

El comité Ejecutivo realizó nueve reuniones con la Comisión Técnica acordando:

1°) Dividir el barrio en cinco sectores, nombrándose en las reuniones con los vecinos un coordinador para cada sector: Eduardo Salcedo, Gonzalo Africano, Ramón Rivera, Domingo Muñoz y Ramón Rivera, de nuevo.

2°) Contratar a dos albañiles y cinco ayudantes (todos desempleados de la Comunidad) con un sueldo de 70 bolívares.

3º) Que los empotramientos particulares se hagan con una tanquilla para cada dos casas, a fin de abaratar el costo.

4º) Llevar el control, en unas planillas, del tiempo trabajado por cada uno y de las herramientas prestadas por cada vecino.

Por fin el 22 de Febrero de 1.983 llega el Jumbo alquilado por el Concejo Municipal y se inicia la apertura de las zanjas, con ayuda de una ploga y un compresor. El 28 la C.V.G. nos entrega los primeros tubos, pero el transporte corre a cuenta nuestra: 55 tubos de 12" y 127 de 8".

La Compañía privada YUMBO, S.A. nos ofreció un Yumbo gratis para trabajar 3 días si le pagábamos 250,00 bolívares por día al operador de la máquina. Gracias a esta colaboración se abrieron todas las zanjas.

Los vecinos van colocando tubo tras tubo; haciendo las tanquillas de entronque según el proyecto, pero los tubos se terminaron. ¡A parar la obra!. La C.V.G. hace caso tras dos comunicados a la radio y a la prensa.

Amenazan las lluvias. Y el barrio con todas las calles abiertas. Nos faltaban tubos...

Al mes siguiente, el 24 y 25 de marzo y el 28 y 29, la C.V.G. nos da las órdenes de entrega. La Junta paga dos transportes y lleva al barrio 131 tubos de 12" y 130 de 8". Los albañiles seguían pegando tubos, uno detrás de otro, haciendo tanquillas, colaborando con los vecinos para instalar las tuberías de 6" de sus casas a la tubería troncal, y los vecinos colaboraban tapando de nuevo las zanjas.

Del 8 al 14 de abril se transportaron 170 tubos más de 8" donados por la C.V.G. Se veía el trabajo realizado.

Por fin el día 4 de mayo se dan por finalizadas tanto las obras generales como las particulares. Aún quedó pendiente algún punto concreto… La Compañía Yumbo colaboró gratuitamente con un PAY-LOADER rematando el relleno y alisamiento de las calles. Se pagó a los albañiles y del dinero sobrante se dejó un saldo de 1.300,00 bolívares para comprar las herramientas prestadas por los vecinos que se consideraban extraviadas o rotas. El resto de todas las colectas se repartió entre los cinco trabajadores que permanecieron a tiempo completo hasta la conclusión de las obras.

Se envían correspondencias al Concejo Municipal y a la Gobernación pidiendo aceras, brocales y asfaltado de las calles del barrio, ahora que ya están instalados la red de cloacas y el acueducto. El 8 de junio nos dicen en el Concejo Municipal que el asfalto de nuestras calles, está aprobado por Cámara pero había que esperar un período de 3 días sin llover por ser asfalto frío. ¡A esperar otra vez!

Por fin el 15 se acaban de entregar las herramientas prestadas a la Junta por los vecinos o el precio de las que se habían perdido o roto. Cada uno firmó la planilla correspondiente.

Conservo aún el resumen de cartas y visitas realizadas a los diferentes organismos y los resultados obtenidos. Es curioso…

1.– INOS.

VISITAS: 6

CARTAS: 1

RESULTADO: NINGUNO

2.– MEDIOS DE COMUNICACIÓN (RADIO Y PRENSA).

VISITAS: 26

3.– COMITÉ DE DAMAS DE ALCASA.

　VISITAS: 6.

　RESULTADO: Donación de 1.224,00 Bolívares

4.– GOBERNACIÓN DEL ESTADO.

　VISITAS: 14

　CARTAS: 4

　RESULTADO: NINGUNO

5.– OBRAS PÚBLICAS MUNICIPALES.

　VISITAS: 22

　CARTAS: 1

　RESULTADOS: 4 CAMIONES DE TIERRA

6.– CONCEJO MUNICIPAL.

　VISITAS: 36

　CARTAS: 9

　RESULTADO: 12.510,00 Bolívares para compra de materiales. Un YUMBO durante 4 días. Y promesa de asfaltar las calles.

7.– C.V.G.

　1 CARTA al Presidente General Bernardo Leal Pucci (R.)

　1 CARTA al Gerente de Desarrollo Urbano.

　　–AL DEPARTAMENTO DE DESARROLLO SOCIAL Y CULTURAL:

　　　VISITAS: 11

　　　CARTAS: 4

　　　RESULTADO: 20.000,00 Bolívares para pagar a los trabajadores.

　　–AL DEPARTAMENTO DE INGENIERÍA Y CONSTRUCCIÓN:

VISITAS: 43

CARTAS: 5

RESULTADO:

Tubos entregados 614 unidades de 12" y 8".

Precio total de estos tubos: 20.810,00 Bolívares.

Asesoramiento técnico: ???

Nota: La Junta de Vecinos tuvo que pagar el transporte de los materiales.

8.– COMUNIDAD DE VECINOS DE LOS MONOS.

CARTAS: 9

COMUNICADOS: 4 (Repartidos a los vecinos)

REUNIONES Y ASAMBLEAS: 11

ASAMBLEA EXTRAORDINARIA: 1

RESULTADOS:

–PARTICIPACIÓN, ORGANIZACIÓN Y UNIÓN DE LOS VECINOS EN TORNO A UN TRABAJO CONJUNTO.

–MANO DE OBRA:

–Apertura a pico y pala de más de 200 m. de zanja común, además de las correspondientes a cada empotramiento particular.

–Colocación de 1.152 m. de tuberías y construcción de 20 tanquillas con sus tapas de cemento.

–Relleno de 1.200 m. de zanja realizado a mano.

–COLABORACIÓN ECONÓMICA:

Contribuciones de 24.317,00 Bolívares contando la Rifa y la compra de tuberías que la C.V.G. no nos trajo.

COSTO TOTAL DE LA OBRA REALIZADA POR LA COMUNIDAD: 78.861,00 Bolívares. (exceptuando las máquinas que trabajaron y los camiones de tierra).

(NOTA: Nos preguntamos: ¿Cuánto costaría al Gobierno esta obra realizada por una empresa privada?)

Entre los trabajadores que más horas dedicaron a la obra físicamente creo que fueron: Domingo Muñoz, Nemesio Díaz, Antonio Sánchez, Isidro Casiani, Braulio González, Vicente Sánchez, Waldo Sacramento, y otros que no alcanzo a recordar.

Un fotógrafo nos hizo varias fotos de los trabajos y un servidor hizo otras que aún conservo en casa.

En definitiva, una obra memorable.

Cuando mucho después en el año 1.997 fuimos a visitar el Barrio, pregunté por las cloacas, la respuesta fue unánime: ¡Funcionan a la perfección!

No sería justo olvidarse de nombrar a la Junta Directiva que movió todos los hilos y perseveró hasta el final: Francisco Rodríguez, Plácido Yépez, Mª Carmen Munain, Álvaro Bánquez, Noris Cordero, Ramón Rivera, Nemesio Díaz , Benilde Barreto y Pedro Prieto.

Esta obra de autoconstrucción de las cloacas, nos ha dado estabilidad a nuestra permanencia en el barrio; revalorización de nuestras viviendas; impulso para la construcción total de nuestras casas de ladrillo; conocimiento y estrategia para conseguir otras mejoras; fortalecimiento de todas las instituciones creadas en nuestro barrio y una experiencia concreta de que la lucha organizada de un barrio consigue lo que de verdad se propone.

LA DESPEDIDA

Un año más tarde, el 17 de febrero de 1.984 llevando dos años y tres meses dando clases en la Universidad de Oriente con un buen sueldo, apareció en el Diario "EL PUEBLO DE GUAYANA", la siguiente noticia:

En el barrio Los Monos despiden al "padre Pepe"

Pepe y Maricarmen son personajes que han luchado por el bienestar social de la comunidad.

Se van a España dejando un recuerdo agradable y valioso en la población.

(Norma Orta E.) — Los habitantes del barrio Los Monos rendirán un homenaje a Pedro Prieto, popularmente conocido como "Pepe", quien ha dedicado parte de su vida a luchar por el desarrollo de su comunidad y de otras que constantemente han trabajado por conseguir vivir más decentemente.

Pepe y Maricarmen Munain se van a España, pero dejan en esta región gran parte de su labor, la lucha tenaz y constante por tratar de erradicar del barrio Los Monos la cantidad de prostíbulos que existen alrededor de la escuela del sector, así como el conocimiento que deben tener los humildes para saber reclamar sus derechos.

los habitantes de Los Monos señalan que Pepe y Maricarmen son protagonistas destacados en la historia del barrio porque gracias a su voluntad conjunta con todos los residentes se logró el Club Deportivo Cultural, La Comunidad Educativa, el Comité de Salud y otros beneficios.

El aprecio hacia estas dos personas será manifestado públicamente en un acto que realizarán mañana y el domingo con una programación que comprenderá deporte, juegos populares, actividades culturales y entrega de premios. Será una velada inolvidable para todos y de manera muy especial para Pepe y Maricarmen quienes se van a España con un recuerdo que bien vale la pena recordar; el cariño y la estima de toda la gente del barrio Los Monos.

¿Qué razones tuvimos para irnos del Barrio Los Monos?

Todavía no se si hicimos bien o mal… Fue una huída o una marcha ordenada… o un retroceso digno…

No sé…

Comenzaré diciendo que no fue un desengaño, un cansancio, un despecho... ya vivíamos en una casita de ladrillo como casi el 80% de nuestros vecinos. Era la casa de todos. Entraban y salían "como Pedro por su casa..." Muchas veces a plantear problemas y a buscar soluciones. Otras muchas, también, a traernos un regalito, un detalle, un dulce de mango,... Recuerdo aquel día cuando una simpatiquísima Nieves que vivía en el cerrito un día me pregunta:

—Oye, Pepe, ¿Tú crees que Mª Carmen ha probado la iguana? ¿Le gustará?

—Pues no creo que en Caracas la haya probado...

—Mira, me han traído una a casa; la voy a preparar para nosotros y a la hora del almuerzo te traeré un plato. Pero tú no le digas lo que es... ¿vale?

Hacia el mediodía, Nieves entró a la casa con su plato de comida. No nos extrañamos del gesto porque la gente pobre es más generosa que los ricos...

A la hora de comer, puse la mesa, saqué la comida que habíamos preparado y allí estaba ese plato tapado con otro para que no se enfriara.

—Y ¿qué es? — preguntó Mari

—Ya lo probaremos — le dije. — Nos lo han regalado...

Efectivamente nos comimos todo, untamos el plato, y Mari decía:

—Parece pollo... No, no, es conejo — decía

—Bueno ya nos enteraremos... Pero, ¿te ha gustado?

—Ya lo creo. Tú, Irune, con tus tres añitos comiste un poco también. Cuando, a la tarde, llegó Nieves, me miraba —cómplice ella– a ver si le había gustado. Le contesté con señas que sí y entonces le destapó la intriga a Mª Carmen.

Es un ejemplo casual. Pero cuando nuestro árbol de mango tenía el fruto maduro, organizábamos una batida. Avisábamos a todos los niños de los alrededores: "Mañana recogemos los mangos". Y acudían con baldes, poncheras, etc. A la hora convenida se subían dos muchachos al árbol y "moneando" iban lanzando los mangos a los que estábamos abajo recogiendo y llenando baldes. Cuando no quedaban ya, bajaban, se repartían en partes iguales y todos contentos a sus casas. Esta operación se repetía dos veces al año al menos. Era un mango que sembré en el patio de nuestra casita. Eso sí, los mangos tenían un sabor a melocotón y no tenían hilos.

Otro detalle curioso, que eché mucho en falta cuando llegué a España, es que con frecuencia, con motivo de algún acontecimiento notable, venía a casa algún periodista a charlar conmigo y pedir opiniones sobre lo sucedido. Al día siguiente aparecía en el periódico una declaración mía. Otras veces venían con una grabadora y me solicitaban mi parecer sobre cualquier tema. Tengo, además, una colección de artículos que escribí en los periódicos locales. Aún los conservo. Alguno me ha servido para redactarte estas cartas.

En definitiva yo estaba contento entre mi gente. Llevaba 15 años viviendo en Ciudad Guayana, en Puerto Ordaz. Y no creía que había perdido el tiempo. Había aprendido mucho de la gente humilde. Me sentía agradecido…

En la Universidad, estaba bien considerado. Fueron profesores conocidos quienes me insistieron en que presentara mi título, mis notas de la carrera, mi experiencia docente y mi deseo de trabajar con ellos allí. Estaba muy contento. Ya estaba preparando el trabajo de ascenso de categoría (no recuerdo cómo se llamaba técnicamente). El Decano de Humanidades me invitó a realizar más adelante, un trabajo conjunto sobre vocablos ingleses que procedían del latín o del griego y que buscáramos las raíces de las palabras inglesas, para facilitar el aprendizaje del inglés con un aumento rápido del léxico. Cuando, a finales de febrero, le presenté mi carta de renuncia a la Universidad le dolió un poco. Había ejercido la docencia en la Universidad de Oriente (U.D.O.) más de dos años.

Vivíamos bien. Desahogadamente. Éramos queridos. El barrio era otro. Cuando llegué en los años 69 y 70 morían unos 4 niños al mes. Ahora moría uno o dos al año. La población crecía sana y en mejores condiciones. Nadie se esperaba nuestra despedida.

¿Entonces?

Pues no sé. ¿Ganas de recoger el fruto de la semilla lanzada al surco? No creo.

Es que ahora, el ejemplo de Los Monos era multiplicador. Pero que lo recojan otros, que siembren otros, que luchen otros, que copien el modelo otros,…

Mi salud era frágil: El estómago, la columna, la boca,… pero éstas no eran razones…

¿Cambio de aires? Llamaban de casa. Tu madre está muy viejita. No estuviste en casa cuando murió tu papá y lo enterramos sin tí. ¿Te pasará lo mismo con tu madre?

"Pedro, vuelve pronto, ven pronto, al hogar…" me escribió un hermano.

Tal vez la razón más fuerte que tuvimos para dejar Venezuela fuiste tú, Irune. Mira, cuando hablamos con la doctora Estilita de Cañizares, Juez de Menores del Distrito

Caroní, le dejamos claro que no queríamos conocer, ni que nos conocieran, los antepasados de la criatura que fuéramos a adoptar. La razón era que no tuviéramos problemas posteriores: "Que es mi hija, que me la devuelvan". Eso sería fatal para tí y para nosotros.

Pues bien; pasados los tres primeros años sin problemas, no deseábamos, por nada del mundo, que los tuviéramos más adelante. Además consultamos con tu pediatra, el Dr. Félix Fernández Plesman a qué edad sería menos conflictivo un cambio de país, costumbres, educación, etc. Y la respuesta fue inmediata: "Ahora, es la mejor".

También intervino el factor financiero económico de Venezuela que nos empujó a la salida. Desde que hice un curso de Macro y Microeconomía en la Universidad de Deusto (Bilbao) me aficioné a la Economía. Todos los informes de las revistas especializadas que podía leer los analizaba. Pues bien. La situación de la economía venezolana carecía de una sustentación solvente. Lo comentaba con Mª Carmen, con Ramiro Molina, ex-alumno y economista, que trabajaba en la banca venezolana… El cambio bursátil internacional perjudicaba cada mes a nuestra moneda. Llegué a Venezuela con el dólar a 3,25. Años después bajó a 4,30. Pues bien en esos primero meses del año 84, comenzó a correr el rumor de que llegaría a 12 bolívares un dólar. O sea, de la noche a la mañana podíamos tener dos o tres veces menos dinero. Y lo poquito que habíamos podido ahorrar últimamente se reducía a nada. De viajar a España, debía ser ya.

Hablando una noche con Ramiro Molina, en una calle de Caracas, me llegó a decir que la devaluación del bolívar, según sus previsiones optimistas, es que podría llegar a 600 bolívares el dólar; por una serie de razones que no sabría repetir.

Pero le creí. Los dos partidos, AD y COPEI, que, alternándose, habían gobernado el país los últimos 30 años, lo habían dejado en la ruina. Y así ha pasado. Ahorita el cambio oficial del dólar está por encima de los 4.300 bolívares.

Pues bien, creo que los halagos e insistencias de mi madre y de algún hermano, la situación financiera de Venezuela, el estado físico en que me encontraba, la estabilidad interna de mi familia contigo, Irune, y el estado crítico de tú abuela… nos llevaron al otro lado del Atlántico.

¿Y qué hacíamos con nuestra casa, coche, libros, máquina de coser y de escribir, herramientas, tv, ropa, etc.? Metimos lo que cupo en dos cajas de madera para enviarlas por barco, el amigo Segundo García nos las hizo; preparamos las maletas para ir en avión y lo demás se quedó en el barrio. Y la casa, nuestra casita, la casita de todo el barrio… donde te bautizamos, Irune; allí se habían tenido infinitas reuniones… esa casa que me habían construido de bloque los mismos vecinos… cómo la íbamos a vender… qué hubieran dicho todos los que trabajaron gratis para que mi rancho se transformara en una casa… qué hubiera dicho Braulio, el albañil jefe de la obra, que no quería cobrar nada estando en el paro y teniendo familia…

En fin, se la dejamos a Álvaro Banquez que últimamente ya era el Presidente de ASOMON y que no tenía casa propia. Nos pareció lo mejor.

Cinco años después, ya en España, recorté ésto del periódico "EL PAÍS" del 4 de diciembre de 1.989:

"Fuerte retroceso electoral del partido gobernante en Venezuela en las elecciones regionales y municipales. El partido AD, después de 31 años de hegemonía en los gobiernos locales, experimentó el primer sabor del fracaso. Un 70% de abstención, la creciente corrupción escandalosa, el avance de las organizaciones de izquierda, y el programa de ajustes económicos puesto en práctica por el Presidente Carlos Andrés Pérez, fueron los culpables.

La víspera de las elecciones, el Tribunal Superior de Salvaguarda ordenó la detención de 10 ex-altos funcionarios del Gobierno de AD. Cuatro eran ex-ministros y uno era candidato a Gobernador..."

Así pues, Irune, el 18 de marzo de 1.984 tomamos el avión para España. Era tu segundo vuelo de 8.000 km en tus tres años de vida. ¡Qué voladora eres!

DÉCIMA CARTA: LA PARTIDA

Queridísima hija Irune:

Por ahora, parece que ésta será la última carta. Y guardo para este momento una tarjeta postal que te envió María Evangelista Sánchez, encantadora y respetada señora del barrio, que dice así:

"Para Irune Munaín Prieto. Como recuerdo de la fundadora del Barrio Los Monos, que la vio llegar al barrio… Irune, hija, te vas con tus padres, te vas a España, vas en busca de tu abuelita. Nos dejas. Adiós Irune. Siempre te recordaremos, tus gracias y travesuras cuando salías a la calle a jugar con tus amiguitos… De María Evangelista Sánchez. 21 de febrero de 1.984"

Todos la llamaban Bangela. Luchadora como ninguna. Llevaba en ese lugar desde hacía 40 años. Siempre abanicándose a la puerta de su rancho. Pero en permanente disposición de colaboración para lo que fuera. Bangela, te queremos los tres. ¡De verdad!

Estábamos ilusionados con el viaje a España, por un lado, y por otro, muy tristes por tener que dejar a tantos amigos y conocidos, dentro y fuera del barrio. Era un sentimiento contradictorio.

La inseguridad de un cambio de continente, de país, de cultura, de trabajo, de todo, se reducía al leer las cartas que nos habían llegado de la mamá y los hermanos.

Al comunicarle la noticia de nuestro regreso a España, mamá —tu abuelita— nos escribía el 11 de noviembre de 1.983.

> "Ante la trascendental noticia que nos dais... os contesto rápido para deciros que me he alegrado muchísimo de vuestra determinación... Creo que haces lo que tenéis que hacer... La salud, las fuerzas, los ánimos, todo lo vais gastando en aquel país tan lejos de todos nosotros y necesitas cambiar de ambiente, de trabajo, de todo y veros rodeados de mí y de todos vuestros hermanos y sobrinos y del cariño de toda la familia. No es extraño que te sientas cansado... 15 años en aquel barrio donde vas dejando las fuerzas, la salud, la vida, yo creo que has hecho allí todo lo que debías y podías hacer a favor del prójimo. Y también Mª Carmen, ya 6 años con aquel trabajo y entrega a todos. ¿Cómo ha podido aguantar tanto? ¿No lo hacían así aquellos jesuitas que iban al principio a estar contigo y se te iban rápidos al no poder soportar esa vida...?"
>
> "Ayer le mandé una fotocopia de vuestra carta a tu hermano Ángel... y se alegró muchísimo... También hablé con Javier... A Jesús también se lo dije y se alegró mucho... A las tres monjitas y a José Ángel (jesuita) también se lo he comunicado y también están todos tan contentos de veros entre nosotros, así como Mª Pilar y José Antonio"

"Bueno, queridos,… ya sabéis que mi casa la tenéis a vuestra disposición; el trabajo… dice Jesús que lo que no hay es ganas de trabajar; entre todos los hermanos te buscarán algo, Dios proveerá."

Después de Navidad, el 3 de enero del año 1.984 nos vuelve a escribir animándonos: "… a ver si para la próxima Navidad, estáis también vosotros…" Como le preguntábamos a dónde facturábamos las dos cajas que enviábamos por barco, con libros, ropa, etc., nos dice: "… que mandéis todos los bultos a mi dirección, a Madrid; una vez aquí, veremos lo que ocupan y dónde los vamos colocando. Tenemos un cuarto trastero pero es húmedo, está debajo del garaje, no sé lo que se podía hacer para reponerlo. Si venís vosotros antes que los bultos podíais verlo y ver si dentro del piso habría sitio en armarios y huecos. También Teresita (Hija de la Caridad) tiene un piso en la calle Orense muy cerca de casa que también os lo ofrece para que dejéis lo que queráis. En Zaragoza también tiene Ángel (otro hermano) dos pisos y en Teruel también tiene sitios… pero nos parece que es mejor vengáis a Madrid para estar juntos y encontrar algún trabajo"

Mamá me hablaba de trabajar… Cierto; tenía que pensar en buscar un trabajo para vivir. Por eso legalicé mi título de Licenciado en Filosofía y Letras por la Pontificia Universidad Javeriana de Bogotá. Aunque me sentía atraído y enamorado por aquellas líneas de mi hermano Ángel (en aquel tiempo: hermano queridísimo) cuando el 28 de julio de 1.983 me escribió una larguísima carta —siempre extensas y profundas— en la que se acordaba de ti, Irune:

"¿Qué hace esa bendita criatura? Tengo la última foto que enviasteis a Victoria (¡Mi hermana querida de siempre!) ¡Cuánto desearía coger su manita, mirar sus ojos negros y darle un beso en la frente! Que Dios os la guarde."

Y más abajo se refiere a mí:

"¿No crees que has cumplido, que te mereces el descanso del guerrero, que tienes que curar tus heridas, que tienes que retirarte con tu familia, del frente y venir acá para, desde la retaguardia, escribiendo, aprovisionar de ideas a los de la vanguardia? Pensad en venir acá ya… Yo tendré un buen retiro y casa caliente y os quiero. Me tengo que hacer una casita amplia, con mucho terreno y tendrá una balsa de agua con ranas que canten de noche, y grillos, y dos perros con sus cachorros y conejos sueltos y habrá flores y mariposas y sitio en fin para que pongáis vosotros lo que queráis. El columpio de Irune, el montón de arena y un amigo para curar a Mª Carmen del todo ¡De verdad! Y el taller y todas las herramientas, para que tú, Pedro, te entretengas; y el cuarto-biblioteca para que leas y escribas… y no pasar ni frio ni calor".

Y nuestro sobrino Fernando en una carta del 11 de noviembre de 1.983 refleja la buena acogida a nuestro regreso:

"La noticia la distribuyó la abuela por los conductos habituales y en pocas horas se habían hecho llamadas telefónicas… Victoria había fotocopiado tu carta y todos lo sabían. TODOS HAN ACOGIDO BIEN LA NOTICIA. Falta que digáis CUÁNDO…"

Como ves, Irune, por todos lados vieron bien nuestro regreso. No podíamos temer nada malo. ¡Adelante!

Sobre todo después de recibir el 17 de febrero de 1.984 la carta de mi hermano Ángel:

"Por el destino de los bultos, sin problema. De momento a Madrid, y si después, queréis que os guarde yo todo o algo en Zaragoza o Teruel, yo tengo sitio suficiente."

… "Por lo demás, nosotros estamos muy ilusionados con vuestra vuelta definitiva. ¡¡Ya era hora!! Os esperamos con los brazos abiertos. Aquí tenéis vuestra casa, donde podréis estar el tiempo que queráis… yo creo que habéis acertado plenamente con la determinación de venir. ¡Irune! ¡Bonita! ¡Que te vas a hacer mayor en cuatro días y te queremos ver crecer y estudiar en España! Ánimo y adelante… ¡Irune, chiquita bonita! Tú tío y padrino Ángel está loco por verte."

Y más adelante, como colofón, dice:

"Dad el salto confiados que aquí hay brazos abiertos esperándoos, con cariño, con ilusión y con total esperanza de que seréis felices en vuestra tierra. Ya está arreglado el asunto de la compra del terreno. Falta la escritura y a empezar la casa. Tenemos que planificarla juntos para disfrutarla juntos… hay unas vistas hermosísimas. Venid pronto…"

¿Podríamos sospechar algo raro? ¿Algo malo? ¿Fuimos demasiado confiados? ¡No sé, aún no lo sé!

Para rematar los mensajes positivos el 24 de febrero, un mes antes de nuestra partida recibimos esta carta de nuestra hermana Mª Victoria. En el mismo sentido que las otras… dice:

"Os estamos recordando mucho. Esta noche he soñado que había venido IRUNE; ¡Lo que he gozado! Mamá os está esperando con ilusión. El jueves, cuando subí a casa me dice: ya voy haciéndoles sitio; he vaciado dos cajones y me queda otro. En el armario también les estoy dejando sitio, poco a poco… Anoche me llamó Mª Luisa (la mayor; Hija de la Caridad)… y me comentaba que mamá le había dicho: A los emigrantes hay que ayudarles siempre, pues ahora mucho más cuando esos emigrantes son nuestros hijos y nuestros hermanos y sobrina. Mamá tiene un espíritu abierto, despierto, despejado; es ella la que siempre va adelante animando: vais a gozar con ella, ya veréis."

Luego pasa Victoria a recomendarnos

"serenidad, paz y tranquilidad entre tantas emociones; la despedida a toda una vida, pero a la vez que sintáis la alegría del deber cumplido y de todo cuanto queda hecho con vuestra acción y sobre todo con vuestro testimonio. Ánimo, ya queda poco."

La gente del barrio, entre la nostalgia y la incertidumbre, organizó tres días de festejos para que no nos olvidáramos nunca de ellos. Campeonatos, competencias, actos culturales, asambleas, regalitos, placas y reconocimientos… No sabían si reír o llorar. Lo mismo que nos pasaba a nosotros. Venían personas conocidas de otros barrios que no podían dar crédito… "No puede ser, Mª Carmen." "No me lo puedo creer, Pepe." "¿Ya no nos veremos más?." "¡No se vayan…!"

Los últimos días fueron los más tristes de mi vida… La prensa se hizo cargo de la noticia

¡Pero la suerte ya estaba echada!

Vendimos el coche que teníamos a la hermana de una profesora compañera y amiga de la universidad, Delia Calatrava, y ese dinero decidimos que fuese para comprar otro en España. Y así fue. Los últimos dólares los cambiamos a diez bolívares. En pocos días nuestros pequeños ahorros se dividieron por dos, debido a la devaluación del bolívar.

En Caracas nos despedimos de ama Julia y de toda la familia de Mª Carmen. Los dejamos con cierta envidia en algunos. Los pocos dólares que trajimos fue a través del B.B.V. a una cuenta que teníamos abierta en España gracias a la cooperación de Jesús. Creo que no llegaban a tres millones de pesetas…

Y nos embarcamos en el avión después de haber facturado las dos cajas de madera por barco. Salimos el 18 de marzo de 1.984 y pisamos el aeropuerto de Barajas a las 7 a.m. el 19, día de San José.

¡Frío! Gabán, abrigo y anorak. Todo preparado para los tres. Cariñitos. Besos de todos. Medio aturdidos por el cambio de horario y emociones encontradas. Atenciones. Abrazos. Sólo –creo– que faltó el hermano mayor jesuita: "No pudo venir".

Nos instalaron en casa de mamá. Una vivienda de cuatro dormitorios, dos baños, un enorme salón, una amplia cocina y una despensa. Mª Victoria había conseguido y llevado una cama nido para Irune. Nosotros dos dormíamos en el sofá cama de la sala.

Desde el principio nos integramos en la casa sin rechistar. Irune quería correr, jugar, cantar… A la guardería parroquial, al parque. Los dos pendientes que no rompiera nada, que no molestara… Mari pendiente de la cocina, ayudando todo lo que podía. Y yo, acompañado de Mª Victoria a buscar papeles: DNI., carnet de conducir, tarjeta sanitaria de la seguridad social. Mª Victoria se asesoró con sus amigos y amigas para conseguirnos una ayuda económica mensual creo que de 26.000 pesetas por un año y medio como emigrante retornado. Nos vino en junio la primera paga. ¡Qué bendición! Había que hacer cola en el banco para cobrarla. ¡Ahí me di cuenta que había mucho paro en España! Y otro gran logro que conseguimos con mi hermana Victoria fue el reconocimiento de mi Licenciatura. Traía todos los requisitos que me había dicho Victoria. Un amigo colombiano en Puerto Ordaz, Guillermo Forero, tenía que viajar a Bogotá y me hizo el inmenso e impagable favor de –personalmente– ir a todas las oficinas, universidades, consulados, etc., que requería para traerme todo completamente legalizado. ¡Muchas Gracias Dr. Forero! Por él tengo hoy mi título español de Licenciado en Filosofía y Ciencias de la Educación. ¡Gracias

Victoria y amigas de Victoria que tanto nos ayudaron! Y con Cáritas… bueno, ni lo cuento. Toda la ropa que traíamos era de verano. ¡Nos equipó para el invierno! A los tres.

En la casa yo hacía todo lo que podía, menos planchar y poner lavadoras… Cuando mamá tenía que salir a cualquier cosa, le acompañaba: A oír misa diaria, a las novenas, a la peluquería, a la farmacia, a los bancos, a visitar a sus amigas, al médico D. Tomás… Que hay que pagar un recibo… que hay que… Pedro estaba siempre a la orden. Es que veníamos concientizados y convencidos que estábamos aquí, para cuidar a mamá. Estar pendiente de ella en todo. En verdad lo que más me costaba era esas esperas en la peluquería de señoras, claro. Y en esas largas ceremonias religiosas de la Semana Santa, tan monótonas, vacías y aburridas. Pero ahí estaba yo, sin mover un músculo de la cara. Estábamos para ella. Su bastoncito era yo…

Tuvimos una primavera lluviosa en Madrid. Recuerdo que mi hermana Victoria me compró un paraguas que todavía conservamos. Está como nuevo. ¡Gracias Victoria! Es que recorrimos todo Madrid. Yo iba asustado, arrastrado por su determinación y seguridad.

—Autobús 53. ¡Ese es! ¡Páralo!

Línea de metro:

—Bajemos por esta escalera eléctrica que llegamos antes; que el Ministerio cierra a las… En fin. No sé cómo se las arreglaba ella con su salud y conmigo, porque yo estaba perdido, aturdido, medio borracho, no sé.

—Mira, Pedro, vamos a esta oficina que trabaja una amiga mía y nos sabrá orientar…

—¿Fulanita…?

—No ha venido, está de permiso...

Otra bajada, otro autobús, otra carrera, otro día... ¿Y cómo tenía fuerzas para todo? Yo es que, a veces, no podía más. Y la veía a ella tan rápida que me quitaba de raíz la pesadez...

Así es como conseguimos todo, ¡TODO! ¡GRACIAS Mª VICTORIA!

Consultamos con Ángel lo de la compra del coche y nos aconsejó que fuéramos a Teruel. Allí nos presentó a sus amigos de las casas comerciales de Seat, Renault y Opel. Nos dieron toda la información y una noche entera la dediqué a poner en un folio los datos comparativos de esas tres marcas y modelos más económicos.

Nos quedamos con un Opel Corsa 1.200 de gasolina, sin aire acondicionado y dos puertas. Costó casi lo mismo que el Chevrolet que vendimos en Venezuela de 4 puertas, 6 plazas, 6 cilindros, con aire acondicionado y cambio automático. Ya nos lo quisimos traer pero nos costaba más caro el transporte y los impuestos...

Al llegar con el Corsa a Madrid, ya tuvimos las primeras sensaciones raras con Pili, la penúltima "hermana".

Es que ella —viviendo en Majadahonda (urbanización residencial en las afueras de Madrid)— necesitaba el garaje de casa para su segundo cochecito. No lo iba a dejar durmiendo en la calle. ¡Pobrecito él! El Mini.

Poco a poco, las relaciones con las dos hermanas monjas, Hijas de la Caridad, se fueron endureciendo. ¡No sé porqué! Sólo sospechaba... Me imaginaba que su Superiora ya no les daría permiso tan fácilmente para subir a casa a ayudar a mamá, estando nosotros pendientes de ella día y noche. Porque eso sí, al llegar a casa se quitaban los hábitos y a vivir que son dos días. Un día me chocó mucho que iban las dos por el pasillo caminando hacia el cuarto de mamá. Irune iba detrás de ellas. Entraron y cerraron tan de golpe la puerta que casi le pegan en la cabecita a Irune para que ella no pasara. Eso lo presencié yo. No me lo contaron. Irune se quedó llorosa en la puerta sintiéndose rechazada. Corrí a su encuentro y me la traje en brazos. Una niña de tres años y medio.

La tensión se acentuó cuando llegaron a casa las dos cajas de madera enviadas por barco desde Venezuela. No sé cómo, pero fuimos colocando todo (ropas, libros, etc.) en su sitio, en el trastero, en el cuarto de Irune… Creo que algo debimos discutir porque en un armario que nos vendría muy bien para todo lo que había llegado vi que tenían un montón de tocas, hábitos, y demás. ¡No recuerdo! Pero supongo que se sentían desplazadas de su privilegiada ubicación en la casa al igual que Pili que se quedó sin su garaje para el coche.

La situación se iba complicando tanto que lo hablamos con los otros hermanos inútilmente y hasta un día decidimos también consultar al médico de la familia, D. Tomás. Después de hacerle una visita a mamá, bajamos en el ascensor con él:

—D. Tomás, perdone la consulta que le vamos a hacer… pero es que le consideramos un importante miembro de la familia. ¿Cree que mamá estaría mejor atendida por las dos hermanas religiosas o por nosotros que ya estamos con ella día y noche…?

—Creo que le cuidarán mejor los que estén con ella permanentemente, es decir, con vosotros.

Para ese día ya habíamos comprado el coche y aportábamos para los gastos de casa —según consejo de Victoria— una cantidad mensual, para nosotros, considerable.

Yo iba tomando confianza conduciendo por las calles de Madrid y el coche nos servía para cualquier necesidad.

Pero la tensión iba incrementándose sin saber muy bien por qué. Las atenciones con mamá por parte de Mª Carmen y mías no disminuyeron un ápice. Pasaban los días y la atmósfera era cada vez más irrespirable con las dos hermanas monjas y con Pili.

Una mañana, Mª Luisa la monja hermana mayor me entrega un sobre blanco cerrado que aún conservo:

Sres. Pedro y Mª Carmen
E.P.M.[44]

La letra era de mamá y el remitente Visitación Santiago. Madrid.

Tengo escrito por detrás del sobre el día en que la recibí: 10-06-1.984. Hora 11:30 a.m. y el diálogo enriquecedor con Mª Luisa:

Mª Luisa: — Que mamá os escribe esta carta para que la leáis.

Pedro: — Gracias— y se la recibí.

Busqué a Mª Carmen para abrirla y leerla juntos. Habíamos pasado 83 días en casa. Voy a transcribir el contenido exacto de la carta.

---

[44] E.P.M.: En Propias Manos

Madrid, 8 –Junio– 1.984   A.M.D.G[45]

Queridos hijos Pedro y Mª Carmen: Yo siempre he querido mantener mi independencia en mi casa, a pesar de que todos vosotros me habéis ofrecido la vuestra, yo no he aceptado, para seguir siempre independiente.

Al escribirme vosotros que queríais venir a España yo os di la dirección de mi casa para que pudieseis facturar aquí los bultos que venían por mar y esto de una forma temporal, pero que no podrá ser definitiva, ya que esta casa es muy pequeña para tantos y a la larga nos vamos a sentir todos incómodos y molestos.

Creo que es lógico que queráis tener vuestra casa y mantenerla a vuestro gusto, así que os pido vayáis buscando una solución.

Vuestra mamá que os quiere a todos.

Visitación Santiago.

Al leerla Mª Carmen y yo, no hicimos otra cosa que cogernos de las manos, apretándolas mucho. Abrazarnos y llorar.

—No puede ser. Mamá no puede hacernos esto después de todas las cartas que nos escribió. ¿Nos volvemos a Venezuela?

¡Pobrecita Irune! Yo no me lo podía creer.

—Se la habrán dictado las monjas… Mamá no puede hacernos esto…

—Mª Carmen, mira, a la hora de comer, voy a sentarme frente a ella, cara a cara, y le voy a preguntar si ella está de acuerdo con que nos vayamos de casa. ¡No puede ser!

---

[45] A.M.D.G.: A la mayor gloria de Dios

Efectivamente, serían las dos de la tarde de ese mismo día, comenzando la comida le enseño la carta a mamá y le pregunto:

—Mamá, ésta es tu letra, ¿Pero tú has querido escribir esto? ¿Sabes que nos estás diciendo que nos vayamos? ¿Qué mal te hemos hecho? ¿Qué conducta nos reprochas? No hemos salido por ahí, de fiestas, al cine, ni nada. Hemos estado pendientes de ti… en todo momento… ¿Qué ha pasado en estos dos meses y medio, mamá…?

—Quiero que os vayáis, que no cabemos todos… Que nos molestamos…

—Pero mamá, a dónde vamos a ir si no tenemos ni casa, ni dinero para comprarla, ni trabajo…

—Pues a fin de mes (no se qué día dijo…) esta casa tiene que estar desocupada. Nos vamos de vacaciones, tal día, y esta casa debe quedar vacía.

—Y si no tenemos a dónde ir, ¿nos quedamos en la escalera?

—Pues sí, os quedáis en la escalera, ¡Pero esta casa debe quedar vacía!...................

Ese día murió mi madre. Nunca la había visto tan segura de lo que nos decía.

Ese día lloré. Era el día 10 de Junio de 1.984. ¡Ya no tenía madre! Ese día murió mamá.

Y los hermanos no se opusieron a esa decisión. Y la Iglesia celebraba el año de los inmigrantes… Los carteles en las iglesias, los sermones, las liturgias así lo manifestaban.

Tras encajar a duras penas ese mazazo, nos pusimos a buscar un piso como fuera. Otra vez, Mª Victoria nos ayudó. Sin su valiosa ayuda no hubiéramos conseguido esa casita. El hermano pequeño también nos ayudó con sus contactos y conocidos. Otro, Ángel, nos prestó un millón de pesetas.

Once días después, el 21 de Junio, metimos todo lo que nos quedaba por trasladar en bolsas y salimos tempranito de casa sin despertar a nadie. Sólo nos llevamos la cama nido de Irune que Mª Victoria nos había conseguido y una foto de nuestra boda. En la sigilosa salida, nos ayudaron, aparte de Mª Victoria, Chema (un gran amigo ex-alumno de Mª Victoria) y nuestro sobrino Fernando.

Ese día le dejamos la casa para ella y para las dos monjas, y la plaza de garaje para Pili. Nosotros estorbábamos. Al día siguiente (según testimonio de Mª Victoria) cambiaron la cerradura de la casa y a los cuatro días proceden a modificar el testamento que había hecho mi padre. Nadie sabía en la familia que mamá una noche de Agosto de 1.982, se había empeñado en leernos a Mari y a mí, el testamento de papá, según el cual, la casa y el garaje de la calle General Yagüe, nos los dejaba a partes iguales para el hermano mayor jesuita y para mí. Pero se pusieron de acuerdo y el 25 de Junio, unos días antes de irse de vacaciones, hicieron un nuevo testamento para que el piso ese fuera para todos los hermanos a partes iguales. Ya habían recibido no sé cuantos pisos con la venta de Torrero... pero todavía querían más: ¡El piso de Yagüe!

Pues bien, esa noche después del éxodo intempestivo, dormimos Mari y yo en un colchón de espuma amarilla que nos consiguió Mª Victoria de Cáritas. Las mesillas de noche eran unas cajas de cartón. Etc. No sé cómo, Victoria nos compró, poco después, una nevera, una lavadora, una olla de presión. Nos traía bolsas diarias de comida, nos consiguió ropa, otra cama, mesa, sillas…. Etc.

Y a buscar trabajo. Como todos los inmigrantes. Con 26.000 pesetas de pensión. A sentirse un inútil y un desgraciado más. Victoria me aconsejó que me inscribiera en la bolsa de trabajo del Colegio de Licenciados.

A lo largo del verano ya asistí a dos cursos de Técnicas de Estudio. El primero lo pagué yo y me di cuenta de la forma de impartirlo; el segundo ya lo dirigí y me lo pagaron. Primer sueldito en España. Así pues, en Navidad y en otras vacaciones pude dar más cursos. Pero el trabajo fijo, aunque como suplente, lo conseguí en septiembre. Recuerdo que me acompañaba Victoria al Colegio de Licenciados. Vimos en la cartelera que necesitaban un profesor de bachillerato por horas en el Colegio Balmes de Móstoles. A treinta kilómetros de casa. Buscamos y encontramos el colegio. Hablamos con el director y propietario, D. Valentín Morcillo y firmé por un año. Cuando recibí la primera nómina fui a devolver la parte proporcional de las 26.000 pts. que, por estar trabajando ya, no podía cobrar. Y renuncié a esa ayuda por ser inmigrante retornado para que se la pudiesen dar a otro. Al terminar los tres años de contratos anuales, y gracias a mi buen amigo Pedro Mendoza, encontré trabajo, también como profesor, en otro colegio de Carabanchel en donde no me faltó un día de clases hasta que tuve que retirarme en 1.995 por motivos de salud.

Y Mª Carmen con las referencias de mi hermano Javier consiguió a partir de febrero de 1.985 trabajo como Secretaria Ejecutiva bilingüe. Irune, estudiaste en un colegio público, el Colegio Méjico. Salíamos los papás a trabajar tempranito y no volvíamos a verte hasta la tarde-noche, atendida siempre por una chica que contratamos.

El plan ahorro que nos impusimos fue tan fuerte que solo, en muy contadas ocasiones hemos podido ir al cine, a la zarzuela, o a comer a los chinos. Este plan se traduce en no poder casi alternar con nadie, ni en casa, ni en los centros de trabajo, en no ir a tomar un café, una caña, ni en comprar un periódico siquiera… vivimos con un sueldo y el otro lo ahorrábamos mes tras mes. Así invertimos en plazos fijos hasta la última peseta. Todo para preveer el futuro de la forma más calculada posible. Menos mal que mi salud y la de Irune han sido buenas. Y Mari peleando y sufriendo su asma no dejó de ir al trabajo ni un día ganándose el aprecio y consideración de sus jefes. Todavía hoy le llaman de vez en cuando por teléfono o le mandan cristmas navideños dos antiguos jefes suyos. No le faltó tampoco ni un día de trabajo hasta que nos vinimos a Los Alcázares en 1.995 por motivos de salud. Y una "hermanita" mía le había profetizado en la casa de Yagüe que "iba a fregar muchas escaleras y suelos en España…" ¡Pobrecita Pili!

Dios, mi Dios, el Dios de los pobres, de los marginados, de la justicia y del derecho… nos ha ayudado. El Dios del dinero, de los ricos, de los poderosos, que mora en los bancos, palacios y mansiones se olvidó de nosotros. ¡Qué bien!

Pero después de todo, me quedan unos terribles interrogantes sin respuesta:

1.– ¿Qué hicimos mi familia y yo para que a los dos meses y medio nos echaran a la calle, de la casa de mi madre, quien nos la había ofrecido meses atrás con los brazos abiertos para que pudiésemos regresar a España?

2.– ¿Qué miedo tenían de mí y de mi familia, para que al día siguiente de abandonar la casa de mi madre cambiaran la cerradura? ¿Y de quién fue la idea?

3.— ¿Qué ventajas obtuvieron los hermanos que cinco días después de salir de la casa de mi madre, el 25 de Junio de 1.984, cambiaron el testamento de mi padre que mamá nos había leído una noche de agosto de 1.982 en el que papá disponía que la mitad del piso y del garaje de Yagüe era para el jesuita y la otra mitad para mi? ¡Ah! ¿Y de quién fue la magistral idea de la Disposición Testamentaria Tercera según la cual si algún hermano protestaba judicialmente el testamento "nuevo", se quedaba excluido del reparto?

4.— ¿Qué le contaron a mamá de mí o de mi familia, para que aceptara escribir esa carta de expulsión estando nosotros en las condiciones en las que estábamos?

5.— ¿Los que tramaron la salida de la casa buscaban lo mejor para ellos o para mamá? Porque D. Tomás creyó más conveniente nuestra presencia en casa y esa opinión la escuchó Teresita, la inocente hermanita monja.

6.— ¿Todas las cartas que recibí en Venezuela y que conservo, invitándome a volver a casa eran mentira? ¿Todos los ofrecimientos de mamá y hermanos eran producto de la más cínica y sangrante hipocresía? Realmente me engañasteis todos muy bien. Todos menos Mª Victoria. ¡Que conste!

7.— ¿Qué hacen las dos hermanas monjas, Hijas de la Caridad, con los pisos y dinero recibidos por herencia? ¿Serán limosna para la Iglesia pobre? ¿Servirán para escalar posiciones dentro de su Comunidad?

Quiero dejar constancia, UNA VEZ MÁS, porque se la merece, que la única hermana que reconozco es a Mª Victoria.

Todo lo que diga de ella es poco. Se lo merece TODO. Ha demostrado en las cartas que nos escribió y en los hechos cuando llegamos y hasta el día de hoy, que ha sido, es y será la única hermana que reconozco. Y una anécdota:

Hace unos días, suena el teléfono de mi casa; me llama una tal Mª Luisa. Como soy hace más de 10 años Secretario de la Asociación de Vecinos, pregunto inocente…

—¿Qué Mª Luisa?

—¡Tú hermana!, ¡Mª Luisa! ¡Mª Luisa…!

—Yo no tengo ya ninguna hermana con ese nombre. Se ha equivocado. ¡Y no vuelva a molestar más! —y colgué el auricular.

No ha vuelto a llamar. Menos mal.

Y para terminar te voy a transcribir las siguientes líneas con que finalizaba una carta que nunca llegué a enviar a todos los ex– hermanos. Es fuerte, Irune.

"Cuando yo enferme gravemente o muera, por favor, no vengáis a verme. Si lo primero, me acabaréis matando. Si lo segundo… le pediría permiso a Dios para incorporarme y expulsaros del lugar. No os conozco. No me llaméis por teléfono. No me invitéis a vuestras ridículas misas e hipócritas mofletadas. No vengáis a mi casa. Ha sido una pura hipocresía vuestro trato y un disgusto continuo. ¡No llevamos la misma sangre!

Olvidadme, que yo hago lo mismo."

Pero no quiero terminar esta última carta —por ahora— con un sabor negativo. Te quiero transcribir íntegra una página que envié a alguien que se casaba. Dice así:

DOS RÍOS

Desde la cima intrincada de una alta montaña
desciende con dificultades borrascosas
una línea plateada interrumpida
por peñascos, sobresaltos, rupturas
y también por instantes eternos placenteros de calma.

Van uniéndose las gotas de lluvia fina,
de amargura
y de alegrías,
hasta que anchuroso, deseoso de abrazar,
de entregarse, pleno y maduro,
comparte con otro semejante
sus andanzas,
sus chasquidos,
su fondo y su música.

Un río significa alegría, fertilidad, imaginación creadora
es reflejo de las estrellas en la noche que guarda
y recuerdo del hiriente sol del medio día que arroja.

Cuando dos ríos se juntan
Cuando dos ríos se aman
Cuando dos ríos se encuentran y abrazan,
los encantos se multiplican,
las felicidades halladas se susurran,
los caudales se suman,
su cauce se comparte,
su belleza se renueva
¡NACE UN NUEVO NIDO!

*La unión, hace en la desembocadura,
una fuerza irresistible, incontenible, maravillosa.
La vitalidad potenciadora de sus aguas
riega ambas orillas de vida y de esperanza
aún mayores que antaño.*

*Algún día lejano, Dios quiera, alcanzarán a besar
las amargas aguas del océano
en donde todos los ríos del mundo los poderosos y los chicos
se igualan, se abrazan y reposan…*

*Pero antes habrán regado, sin odio y sin ira,
los campos, las flores y las vidas.*

EPÍLOGO

A través de esta autobiografía en forma epistolar, el lector ha podido constatar la posición de la Jerarquía de la Iglesia Católica y de los partidos políticos de derechas (AD y COPEI) ante todos estos acontecimientos vividos por mí y narrados con la máxima objetividad posible.

He resumido los hechos que viví, sin contar los sufridos, muy similares, por otros apreciados compañeros y amigos en diversos lugares de mi querida Venezuela.

En 1.998 —estando ya en España— se dio en Venezuela un vuelco electoral notable contrario a los partidos AD y COPEI. Posteriormente, ya en la oposición han sufrido otras severas derrotas electorales pacíficas que espero les sirvan de lección.

Venezuela inició una experiencia popular semi–revolucionaria con Chaves. Mis amigos me escribían:

"Lo que tú nos decías se está cumpliendo".

"El pueblo ha abierto los ojos".

"La gente pobre se une para resolver sus problemas, pero ahorita el gobierno sí que nos ayuda".

"Ahora, si vienes, trabajarías a gusto…"

…………….

Pero la "Iglesia" creo que sigue igual. Es como un corcho que siempre sale a flote después de los maremotos o inundaciones. No aprende, creo yo. Se cree infalible, claro.

Sigue de espaldas a los pobres.

Les regala una arepa "por caridad" y les da una medicina de "limosna"...

La mayoría de sus miembros activos vive en la abundancia o suficiencia. De sus cómodas casas o conventos sale a "hacer caridad", a "enseñar al ignorante" a "repartir sacramentos". Pero tienen su futuro asegurado, no temen a la vejez. Viven satisfechos. ¡Felices! de ayudar al pobre necesitado

La Iglesia no vive pobre, ni está comprometida con los pobres, ni sufre persecución por causa de la justicia.

Vive con los poderosos, con los explotadores, con los más ricos.

Continúa de espaldas al Jesús pobre que nació en un pesebre de animales y que murió crucificado y torturado por los poderosos, por los colonizadores.

"La Iglesia" prefiere la comodidad de vida, la falta de compromiso con los parados, los hambrientos... Vive de lo que le regalan los millonarios para que no se alinee con los pobres. Le gusta ser una organización asistencial y parecerse a una O.N.G. con rótulos espirituales. Pero el grueso de la INSTITUCIÓN sigue instalada cómodamente en el "statu quo" y sin escrúpulos.

Vive de la "venta" de los sacramentos y servicios religiosos. De las limosnas millonarias del Estado. ¡Qué vergüenza!

Vive de los creyentes, engañados y sacrificados. Vive de su buena fe. Por eso no convence ya.

En política esta corriente izquierdista libertadora, no sólo ha crecido en Venezuela sino en otras repúblicas sudamericanas. No por golpes de movimientos guerrilleros, sino por mayorías electorales con distintos colores, sabores y sonidos revolucionarios. Son elecciones democráticas… El pueblo latinoamericano, amerindio, parece que está cansado y humillado hasta las cejas.

Hace unas décadas U.S.A. hacía prender golpes militares en todos los países. Los "gringos" se "desgraciaron" con las masas de Latinoamérica por apoyar a las élites poderosas que alentaron la represión sangrienta contra el pueblo. Las dictaduras militares frenaron el imparable proceso democratizador y liberador que corre por las venas de toda América Latina.

Claro, la clase pudiente traslada sus fortunas desde su país a los paraísos fiscales en donde, además, no pagan impuestos. Si los capitales se sacan de una nación se frena la producción industrial, se cierran las cadenas de supermercados con lo cual escasean y aumentan de precio los artículos de primera necesidad… Todo con el fin de generar un descontento popular creciente que vaya oscureciendo la corriente libertadora y la credibilidad de sus dirigentes. Surgen entonces métodos y procesos más totalitarios para mantener las ligeras conquistas obtenidas. La lucha, el enfrentamiento popular se eleva.

Viene más descontento en las masas. Ahora contra los dirigentes que levantaron al pueblo del letargo secular. Y puede suceder que haya retrocesos políticos… pero la lucha continuará…

En este momento la Jerarquía de la Iglesia en vez de colocarse con el Pueblo, socava la esperanza de los pobres y martillea consignas de retroceso, de volver atrás: "Antes vivíamos mejor." "Ahora hay más corrupción que antes." "Ahora no hay libertad…" Y miles de mensajes negativos…

En Sudamérica se están experimentando diversas soluciones para acabar con la explotación, con el hambre, el analfabetismo y la pobreza: las nacionalizaciones, las cooperativas de producción, mercadeo y consumo, cooperativas de ahorro y crédito, de servicios comunales, etc. Y todo este ciclo de autogestión con el mayor rigor de honestidad y claridad posible.

Me temo que los pudientes no soltarán fácilmente las riquezas enormes de Sudamérica. Los mastines agarran la presa con fiereza. ¿Por dónde morderán a los gobiernos "progres"? ¿Quién ganará esta guerra no declarada? ¿Qué rol desempeñará la Iglesia Católica en esta lucha?

Para finalizar agradezco de todo corazón el apoyo y el trabajo realizado por ti, Irune, y por Mari Carmen y Mari Paz en la confección de este librito, y al Barrio Los Monos por todo lo que me enseñó.

Si me equivoco en algún nombre, lugar, fecha o cifras, pido perdón y ruego me corrijan sin enojo. Si he olvidado mencionar algún vecino, colaborador o protagonista, ruego sepa disculparme.

¡GRACIAS A TODOS!

www.ingramcontent.com/pod-product-compliance
Lightning Source LLC
Chambersburg PA
CBHW071947110426
42744CB00030B/631